開運気学

九星と方位で運を拓く占術

野村徳

はじめに――

本書のテーマである「気学《きがく》」とは、古代中国に源を発する占術で、わが国で大正時代に体系化されたものです。一般に「方位学《ほういがく》」「家相学《かそうがく》」などといわれるもので、主として九星を用いるところから、旧来の「九星術《きゅうせいじゅつ》」という名称でよばれることもあります。

ところで占いの歴史をひもとくと、それは大昔から洋の東西を問わず、人類の歴史、生活とともにあったことがわかります。占いとは、なんらかの「しるし」を手がかりとして、未来の出来事や、過去や現在の隠された事実を知ろうとする方術（方法）です。

人間はそもそも、いったいなぜ自分が今、この時代に生かされているのかも知り得ない存在です。一方で、人が生涯に経験する多くの出会いや別れも、また、自分が生まれる時や死にゆく時も、何か大きな霊妙な働きに導かれているのではないか、とも感じられます。しかしながら、それは「神のみぞ知る」世界。

それでも、未来が知りたい。自分の運命が知りたい。自分は何をするために生まれてきたのか……と、考えてしまうのが人間というものです。あるいは、もっと現実的に、今よりもっと幸せになりたい、成功したい、よい相手と結ばれたい、健康で長生きをしたい、そのために占いを活用したい……などなど、どうやら占いの究極の目的は多くの場合、人間の欲望と結びついているようです。

　そして、気学はそれを否定しません。気学は、人間の前向きな欲望を肯定し、さらに、それを応援します。とはいっても気学は手品ではありませんから、夢のような奇跡をおこすことはありません。

　では、気学はわたしたち人間を、どのように応援してくれるのでしょうか。それは、「わたしたちの一人ひとりが持って生まれた『器』というものを、最大限に生かしきる人生」の方向性を示し、導いてくれるのです。それが、気学による開運です。

　日々の暮らしを楽しみながら、人それぞれが独自の色合いを発揮して、持って生まれた『器』を生かしきる人生を歩むことができたなら、それは得心のいく、よい人生といえるのではないでしょうか。

　本書が、少しでも、そのような人生を歩む人たちのお役に立てたなら、著者として望外の喜びです。

野村徳子

目次

開運気学

二章　気学が明かすあなたの強みと弱み

三章　気学祐気法が明かす幸運の方位

四章　家相で開運する

付録　九星盤・九星吉方表・九星循環表

序章——暮らしに生きる暦

十二支と二十四節気

庶民の生活とともにあった暦

暦とは「日読み（かよみ）」から転じた言葉で、日を読む（数える）もの。太陽や月の運行をもとにして、時の流れを年、月、日の単位でくぎって、わかりやすくしたものです。つまり、カレンダーというわけですが、これは人類の文化のなかでも、ごく早くに発生したもののひとつのようです。人類が厳しい大自然のなかで生きのびていくには、どうしても時のくぎりという考え方が必要だったのでしょう。

ところで、現代のわたしたちが暦といって思いうかべるものは、通常使っているカレンダーとは、やや違うものなのではないでしょうか。

つまり、日にちや曜日を列記した、いわゆるカレンダーにくわえて、毎月の祝祭、行事、日の出、日の入り、潮の干満《かんまん》、節気《せっき》、十干《じっかん》、十二支《じゅうにし》、九星《きゅうせい》……などなどまで記された、ちょっとした冊子のようなもの、それが暦とよぶにふさわしいもの、という感覚ではないかと思います。

その冊子には、時には、野菜や穀物の種まき、植えつけから収穫の時期まで丁寧に指南されていて、その部分を特別に「農事暦《のうじれき》」などとよぶこともあります。それは、わが国が昔から瑞穂《みずほ》の国といわれ、農耕と日々の生活とが密接に結びついていたことによる、伝統的な生活の知恵によるものだったのかもしれません。昔の人たちは、季節を知るだけではなく、豊穣《ほうじょう》を祈り、収穫に感謝をするためにも暦を必要としたのでしょう。

こうした暦は、明治、大正、昭和、平成……と受け継がれてきた、一種「民俗暦」ともよべるものであり、それは庶民の生活に寄りそった、便利で魅力的なものです。

もちろん、本書のテーマである気学など、東洋の占いに親しもうという場合、暦は最も大切なもの。暦がなければ、始まりません。

ですから、まずは暦の話から、いってみましょう。

暦とは

日本において、歴史上はっきりと暦を用いたという最初の記述があるのは、持統天皇四年（六九〇年）のことで、これは中国渡来の太陰太陽暦といわれるものでした。この太陰太陽暦は、その後、明治五年に太陽暦が採用されるまで、長く日本で用いられてきました。

実は、現在「旧暦」といわれる暦は、かつての太陰太陽暦の流れを汲むものです。本書でこれからお話ししていく、九星や十二支を用いる気学も、旧暦の一種をもとにして占う占術です。

そのために、一年や一か月の区切りの部分（節入り）が、ふだん使っているカレンダーとはちょっと違っています。気学で定める一年とは、立春から翌年の節分までです。ですから、気学によって運勢判断をする場合は、節分以前に生まれた人は、前年の生まれということになります。

そのあたりのことは、また後ほどお話しすることとして、ここでは、日本の伝統を継ぐ暦についていて見ていくことにしましょう。

輪廻の思想をあらわす十二支

暦のなかで、昔からわたしたちになじみ深いものとして十二支があります。子《ね》、丑《うし》、寅《とら》、卯《う》、辰《たつ》、巳《み》、午《うま》、未《ひつじ》、申《さる》、酉《とり》、戌《いぬ》、亥《い》、の十二の動物。毎年、年の初めの年賀状には、その年の十二支の動物が主役となって登場することが多いものです。

このように十二支は、毎年めぐる年にも割りふられているし、一年十二か月にも、それぞれ割りふられています。たとえば、一月は「丑《うし》の月」、というように決まっています。

しかし、古代中国で作られた、この十二支、もともとは動物とは関係がなかったといいます。後になって、十二支について一般に周知させるために、なじみやすい動物の名を当てた、ということです。

また、十二支は植物、特に稲の生長の過程をかたどったもので、輪廻《りんね》（注）の思想をあらわしている、という説があります。占いの世界では、もっぱらこの説をとることが多いようで、これは東洋の占いに親しむ人たちにとっては、すっきりと納得のいくものです。

ではここで、十二支と稲の生長について、ちょっと考えてみましょう。

（注）輪廻　生きかわり死にかわりすること。車輪が回転してきわまりがないように、霊魂が転々と他の生を受けて、迷いの世界をめぐること。

稲の一生に見る十二支の意味

まず、次ページの図を見てください。

これは、稲が一粒の種から発芽、生長し、実りの時を経て、やがて枯れ落ちてゆく、いわば稲の一生をあらわしたものです。

はじめに、一粒の種を地にまきます。種は土中で、じっと発芽の時を待ちます。（「子」）

やがて、土中で養分を吸収した種からは、根が生えてきます。種はふくらみ、発芽、地上に出ようとしますが、根がこれをしばって、土中につなぎとめようとします。（「丑」＝紐）

根の周囲の土が、わずかに盛り上がってきます。発芽間近です。「寅は演（のぶ）なり」で、

稲の一生に見る十二支の意味

午
花咲き受粉する
未
外からは見えない
(未＝味)
巳
生長は止まり
花芽もついている
申 実を結ぶ
酉
熟し収穫する
戌
葉が枯れ
落ちてゆく
辰 どんどん生長している
卯 発芽して葉も出てきた
亥
残った種が
再び土中にかえる
寅 発芽間近
丑
＝紐
子
地中の種
新たな種が埋蔵される
再生の準備

いまだ土中にある稲の若芽は、伸びよう、地上に出よう、としているのです。（「寅」）

ついに発芽の時を迎えました。やがて、若葉が出てきます。（「卯」）

「辰は振なり」で、稲の葉は、まるで振動するように生長（発展）していきます。（「辰」＝振）

やがて、生長が止まったと思ったら、すでに花芽がついています。「巳はやむなり」で、成長発展は止まっています。（「巳」）

いよいよ花が咲きます。受粉の時です。（「午」）

すでに受粉のすんだ花は散り、外からは大きい動きは見られません。（「未」）

やがて、実を結びます。（「申」）

いよいよ収穫の秋、熟した実（稲穂）を刈り取ります。（「酉」）

実は刈り取られ、葉は枯れて落ちてゆきます。（「戌」）

残った種子は再び土中にかえってゆきます。埋蔵され、再生の準備が始まるのです。（「亥」）

……と、これが稲（植物）の一生であり、こうして生と死とがくり返されてゆくのです。

つまり、輪廻ということです。

ここで、十二支についてまとめてみます。（65ページの図・定位盤を参照）
（この十二支の説明は、「四章　家相で開運する」を読まれる時にもう一度読んでみると、よりわかりやすいと思います。今は、とばして読んでも結構です。）

子（十二月、方位は北＝定位盤では一白水星《いっぱくすいせい》が当てられている）

地中の種。地中から、いろいろな栄養を吸収している状態。外からはまったく見えませんから、子の方位である北は地味な方位です。ただし、この地味は「滋味」につながります。

種は大地の中にある存在ですから、「先祖」をあらわしています。また、先祖霊が子供に宿ってくることから、「子供」という意味もでてきます。

丑（一月、方位は北東＝定位盤では八白土星《はっぱくどせい》が当てられている）

稲（植物）の根です。地中で栄養を吸収した種からは、根が出てきます。「丑は紐なり」で、ひものような状態。種から芽が生長して、地上に出ようとする力に対して、根がひものようになって縛りつけ、地中につなぎとめようとしています。

寅（二月、方位は北東＝定位盤では八白土星《はっぱくどせい》が当てられている）

種のまわりの土が、こんもりともりあがった状態。芽は、まだ外からはほとんど見えませんが、陽の気が兆《きざ》してきています。

卯（三月、方位は東＝定位盤では三碧木星《さんぺきもくせい》が当てられている）

発芽して、若葉が出た状態。まだもろいけれど、これから育ってくるところですから、発展性があります。

辰（四月、方位は南東＝定位盤では四緑木星《しろくもくせい》が当てられている）

稲（植物）が振動するように、元気よく生長している状態。陽の気、つまり発展の気がどんどん伸びてきています。卯と辰とが、発展の方位です。

巳（五月、方位は南東＝定位盤では四緑木星《しろくもくせい》が当てられている）

稲（植物）の生長は止まって葉が立派に茂り、すでに花芽もついています。受粉間近の状態です。

午（六月、方位は南＝定位盤では九紫火星《きゅうしかせい》が当てられている）

花開き、受粉の時です。満開の花は、やがて花びらを支えていたがくが離れて、散っていきます。陽の中に陰の気が入ってきたのです。だから、午《うま》の方《かた》は陰と陽との交わる場所、「離合」という意もでてきます。

未（七月、方位は南西＝定位盤では二黒土星《じこくどせい》が当てられている）

「未は味なり」。「味」は「曖昧」の味です。受粉した花はまだ種とはならず、外からはよく見えません。はっきりとしない状態です。

申（八月、方位は南西＝定位盤では二黒土星《じこくどせい》が当てられている）

「申は伸なり」。伸びてくるのは冷気（陰の気）です。稲（植物）の身は引き締まった状態で、刈り入れも間近です。

酉（九月、方位は西＝定位盤では七赤金星《しちせききんせい》が当てられている）

いよいよ収穫の秋。種子は熟した状態です。「酉」に「氵《さんずい》」をつけると「酒」になります。かつては収穫した作物で酒をつくり、まず神前にささげました。

戌（十月、方位は北西＝定位盤では六白金星《ろっぱくきんせい》が当てられている）

作物の収穫は終わり、葉は枯れ落ちた状態です。陽の気はなくなって、すべてが滅していく時です。が、同時に、収穫した作物をみんなに分配する時でもあります。そこには、作物を外敵から守る必要も生じてきます。ですから、戌の方位や六白金星には、「施し」や「守り」、「争う」という意もあるわけです。

亥（十一月、方位は北西＝定位盤では六白金星《ろっぱくきんせい》が当てられている）

残った種子は、地中にかえっていきます。その種には、翌年の発芽の時にそなえて、栄養分がしっかりと閉じこめられています。「亥」は「核《かく》」に通じ、物事の「核心」という意も生じてきます。

季節感をあらわしている二十四節気

一年には春、夏、秋、冬という四季がありますが、それぞれの季節をさらに六つずつに分けたものが二十四節気《にじゅうしせっき》です。

「今日は二十四節気の小寒です。いよいよ寒の入りです」

などという調子で、気象予報士によって、よく紹介されることもある二十四節気。ですから、これは十二支とともに、暦のなかでも比較的なじみ深いものではないかと思います。二十四節気には、それぞれ季節的な特徴をあらわす名称がつけられていて、めぐる季節がより身近に感じられます。

数年前、『朝日新聞』に掲載されていた調査によると、一般になじみのある二十四節気は、一位が冬至《とうじ》で二位が立春《りっしゅん》、以下、夏至《げし》、春分《しゅんぶん》、啓蟄《けいちつ》、大寒《だいかん》、秋分《しゅうぶん》、立秋《りっしゅう》、立冬《りっとう》、立夏《りっか》……とつづいて、最もなじみがないものは一位が小満《しょうまん》、二位が芒種《ぼうしゅ》、以下、清明《せいめい》、雨水《うすい》、白露《はくろ》、寒《かん》露《ろ》、穀雨《こくう》、霜降《そうこう》、処暑《しょしょ》、小雪《しょうせつ》……とつづきました。

気学の世界では、二十四節気のなかでも「四立《しりつ》」（立春、立夏、立秋、立冬）と「二至二分《にしにぶん》」（夏至、冬至、春分、秋分）を大切にしますから、やはり多くの人たちの感覚も同じだな、と感じました。

一般のカレンダーが新暦であらわされている現代、旧暦の流れを汲んでいる二十四節気は、日常生活とは、それほどかかわりがないのかもしれません。ところが、同じ新聞の調査によると、二十四節気を身近に感じている人たちのグループがふたつあったそうです。

農業に従事する人たちと、俳句をたしなむ人たちだそうです。古来、暦というものが農耕生活と深く結びついて作り上げられていったことを考えると、現代でも、農業にたずさわる人たちが二十四節気を身近に感じるのは当然のように思われます。俳句を詠む人たちが、季語に通じる言葉の多い二十四節気に親しみを覚える、というのも、また当然のことかもしれません。

この二十四節気ですが、一か月のうちにふたつの区分があり、前半を正節、後半を中気といいます。そして、月はじめの正節をもって、その月の節入りとします。たとえば、一月六日が小寒だった場合には、六日からが一月の節となり、五日までは前月の節である十二月となります。

なお、二十四節気の日にちは、年によって多少のずれがあります。

二十四節気

季節	月	正節	中気
春	2月	立春（2月4日ごろ）	雨水（2月19日ごろ）
	3月	啓蟄（3月6日ごろ）	春分（3月21日ごろ）
	4月	清明（4月5日ごろ）	穀雨（4月20日ごろ）
夏	5月	立夏（5月6日ごろ）	小満（5月21日ごろ）
	6月	芒種（6月6日ごろ）	夏至（6月21日ごろ）
	7月	小暑（7月7日ごろ）	大暑（7月23日ごろ）
秋	8月	立秋（8月8日ごろ）	処暑（8月23日ごろ）
	9月	白露（9月8日ごろ）	秋分（9月23日ごろ）
	10月	寒露（10月9日ごろ）	霜降（10月24日ごろ）
冬	11月	立冬（11月8日ごろ）	小雪（11月22日ごろ）
	12月	大雪（12月7日ごろ）	冬至（12月22日ごろ）
	1月	小寒（1月6日ごろ）	大寒（1月21日ごろ）

一章——

四季を味わい暦を楽しむ

一月（睦月《むつき》）

・十二支では丑の月
・二十四節気は小寒、大寒

元旦と初詣で

一月一日は誰にとっても、特別のハレの日。門松を立てて、清々《すがすが》しく整えられた家に年神様をお迎えし、幸先のよいスタートをきりたいものです。

初詣で一番乗りを目ざして、前日の大晦日から大勢の人たちが神社に並ぶ光景は今も昔も変わらないようです。でも、一年最初の日には大きな有名神社にお参りするのもよいけれど、まずは地元の氏神様にご挨拶を。なんといっても、氏神様は地域限定の神様。地元に住む人たちを専属でご守護してくださるのです。氏神様に通しをかけた上で全国区の大きな神社にお参りすると、神様とストレートにつながることができます。

また、初日の出を日本で一番に仰ぎたい人は、犬吠埼（千葉県）にゆくのもよいでしょう。犬吠埼は、日本の平地で一番最初に日が昇るところだそうですから。

初夢と夢占い（一月一日～三日ごろ）

新年最初に自分でできる運勢判断は、「夢判断」かもしれません。新年最初に見る夢が初夢ですが、一般的には元日から二日の朝方、あるいは二日から三日の朝方にかけて見る夢をさします。

昔から縁起のよい夢とされているのは、「一富士、二鷹、三茄子《なすび》」。と、そこまではよいとして、その後になんと「四葬式、五火事」とつづく、というのです（諸説あるらしいですが）。民族学会理事であった井之口章次氏の説明によると、極端に悪いものはかえってよいとか（易でいう、陰が極まって陽に転ずる、ということでしょうか）、悪夢は逆夢というような人間心理がからんでいるのではないか……と。

しかし、庶民の知恵とはありがたいもので、縁起でもない夢を見てしまった時の解決法もちゃんと用意されています。たとえば、南天の木に向かって夢の内容を話す。または、南天を揺すってくる、など（南天は「難転」に通ずるからでしょうね）。あるいは、静岡県に伝わるものでは、手の親指を噛めばよい、というものまであります。なんだ⁉︎ と思うけれど、簡単でよいかもしれません。

ところで、夢のお告げをいただくために、昔は、こんな風流なこともしたといいます。正月の夜、宝船の絵に次のような回文歌《かいぶんか》（上から読んでも下から読んでも同じ音《おん》になる歌）を書きそえて、それを枕の下にしいて寝る、というのです。

「ながきよの　とをのねぶりのみなめざめ　なみのりぶねの　おとのよきかな（永き世の遠の眠りのみな目覚め　波のり船の　音のよきかな）」

こうして眠ると、夢が未来を予知してくれる、というのです。辻をまわって、この回文歌を書いた宝船の絵を売る人がいて、それとともに悪い夢を食うという貘《ばく》の札も売られていたのだそうです。が、悪い夢を見てしまったのに、貘の札がなかったら……？　そんな場合には、「みし夢を貘の餌食となすからに　心も晴れし暁の空」と、声にだして三回唱えればよいのだとか。

この伝承は、夢のお告げを得る方法として回文歌を用いる、というあたりにおもしろさが感じられます。古来、終わりのない図形や言葉には魔を祓《はら》う力が宿っている、と信じられています。回文も、なにかしら人間の力を超えた領域を暗示しているようです。

同様な意味合いで、どこかで怪異に出会ってしまったら、終わりのない「しりとり遊び」をするのも一法かもしれません。

小寒（一月六日ごろ）

二十四節気のひとつです。

この日を迎えて一月の節となり、「寒の入り」でもあります。一月後半の大寒と合わせて「寒中（寒の内）」、「寒中お見舞い」の季節です。

人日《じんじつ》の節句（一月七日）

五節句のひとつで、七草の節句ともいいます。

松もとれ（関東では一般的に六日夕方に門松、正月飾りを外します）、お正月気分もそろそろ終わり、おせち料理やハレのごちそうで疲れた胃腸にやさしい七草粥は、現代生活にもすっかり定着しています。

せり、なずな、ごぎょう、はこべら、ほとけのざ、すずな、すずしろ。これら七種の野草のはいった温かい粥は、古来、邪気を祓うものとされ、この日は一年間の無病息災を祈る日でもありました。

七草粥を作る折には、七草囃子《ばやし》を歌いながら七草を刻みました。「七草なずな、唐土の鳥が日本の土地に渡らぬ先に、ととんのとん……」といった調子の、鳥追いの歌でした。鳥は穀物を作る上では害になることも多く、特に昔は、外来の渡り鳥は疫神を運んでくるものと信じられていました。しかし近年、渡り鳥とインフルエンザとの関係が明らかにされてきています。経験則によるものなのでしょうが、昔の人の知恵はすごい、と思います。

また、この日が「人日＝人の日」といわれるのは、古代中国の占いに端を発しています。

正月の一日から六日まで、それぞれ「鶏の日」や「犬の日」というように動物の日が当てられていて、七日目に「人の日」というのがあります。年頭に畜獣（人間もふくめて）の占いをして、一年の無事を祈ったようです。

鏡開き（一月十一日）

神棚にお供えしていた鏡もちを割って食べます。まるい鏡もちは神様の食べ物、あるいは神様そのものでしょうか。気学では、まるいものは六白金星の象意とし、神に通ずるものです。お供え物のお下がりをいただくことによって、神の気をいただくのです。

神にお供えするものには、やたらに刃物を入れないほうがよいようです。鏡もちもまた、木槌などで開く（割るの忌み言葉）ことをよしとします。

冬の土用（一月十七日ごろ〜二月立春の前日まで）

十七日ごろから、冬の土用にはいります。

土用というと、夏の「土用の丑の日」が有名ですが、土用とは、春夏秋冬の季節の変わり目にそれぞれ約十八日間ずつあるものです。

昔から、暦をあつかう世界では、土用期間中の移転や工事などを慎んできました。なぜなら、この期間は九星の五黄土星の影響で、自然の気が荒れるからです。

一月は寒中の土用。土用にはいると、もうすぐ大寒にはいり、土用、大寒がともに明けて、立春となります。

大寒（一月二十一日ごろ）

二十四節気のひとつです。

「寒」の上に「大」の字がついて、「寒の内」も後半にはいりました。一年中で最も寒いころですが、日脚は日々のびつつあって、日没の様子を注意深く見ていると、その変化に気がつきます。大寒が明けて、いよいよ立春となります。

二月（如月《きさらぎ》）

・十二支では寅の月
・二十四節気は立春、雨水

節分（二月三日ごろ）

十二支や九星を用いる気学の世界では、立春が一年の始まり。その前日が節分で、つまり立春から翌年の節分までを一年間としています。だから、節分以前の生まれの人は、前年の星が生まれ星となるのです。

さて、この節分、近ごろは東京でも、その年の恵方《えほう》（十干から生じる吉方位）に向かってのり巻きにかぶりつくという、大阪発祥の「恵方巻き」のイベントが盛んです。でも、昔から各地で行われていたのは、中国伝来の豆まき。

季節の流れからいうと、立春の前日である節分は陰の終わりの時であり、立春は陽の始まりの時。そこで、節分には豆まきをして、一年間にたまってしまった陰の気（鬼）をすっかり祓ってしまおうというわけです。

豆まきの後には（前にという説もあり）、数え年の数だけ豆を食べるとよいとか、厄年の人は年の数より一粒多い豆を紙に包み、体をこすった後、それを四つ辻に捨てる。その際、人に見られてはいけない、ふりかえってもいけない……などなど、各地にいろいろな伝承があるようです。（厄年は、数え年で男性25・42・61歳、女性19・33・37歳）

立春（二月四日ごろ）

立春を迎えて、いよいよ新しい年です。気学の世界では、二十四節気の立春が一年の起点。このころ、実感としては寒さの底でも、文字通り春の気が立つころ。日だまりのぬくもりにはホッとするものがあって、まさに光の春。冬至のころとくらべて、もう四十分ぐらいも日の入りが遅くなっています。

新しい年に陽の気を迎える、この日、飲食店の入り口などで「立春大吉」と書かれたお札を見かけることがあります。この厄除けのお札は、禅宗のお寺の習慣からきているのだそうです。立春の日の早朝、玄関に「立春大吉」のお札を貼ったら、気分もあがってご利益がありそうですね。

初午（二月最初の午の日）

「稲が生《な》る」という言葉から生まれたという「稲荷」信仰。全国に数多くある稲荷社の総本山である伏見稲荷大社（京都）は、七一一年に稲荷大神が鎮座したことに始まる、と伝えられています。その鎮座のご縁日が初午祭り。
初午の日には、稲荷大神のお使いきつねの好物である油あげ、稲荷ずしなどを供えて、五穀豊穣、商売繁盛などをお願いします。

針供養（二月八日）
折れたり、曲がったりして、使えなくなった縫い針を豆腐やこんにゃくに刺して、感謝の気持ちとともに神社に納めます。縫い物や手芸の腕が上がるそうです。
この針供養、近ごろではあまり聞かれなくなったようにも思われますが、裁縫、服飾の世界では、今でもよく行われているとか。
また、古い神社には、針を供養する「針塚」があったり、それにまつわる昔話が伝えられているなど、縫い針というもの、かつては今よりもずっと大切にされていたのだろうな、と考えてしまいます。

雨水（二月十八日ごろ）
二十四節気のひとつです。
陽気が地上に発して雪も解け、それが蒸発して雨となって降りだすころ、というほどの意。

かつての「農事暦」などでは、雨水のころに、農耕の準備が始まる、という記述もありました。

　このころ、雨上がりの湿った土のにおいには、早春の息吹が感じられます。


猫の日（二月二十二日）……ちょっと番外といったところですが。

　一九八七年、日本の猫の日実行委員会とペットフード協会との協力により制定。二月二十二日は、もちろんニャンニャンニャンの語呂合わせ。

　その昔、仏典をネズミの害から守るために、仏典とともに乗船、渡来したといわれる猫（諸説あり）は、日本に定住してからも、特に農家では穀物をネズミの害から守る役目を担っていました。当時、猫はペットというよりは、家族のなかの大切な働き手だったのかもしれません。

　いなくなってしまった猫が帰ってくるという、こんなお呪いも伝承されています。

「立ちわかれ　いなばの山の峰におふる　まつとしきかば今帰りこむ」（在原行平）という、『小倉百人一首』にも収められている歌を半紙に書き、その上に猫が使っていた茶碗を伏せておく、というものです。

三月（弥生《やよい》）

・十二支では卯の月
・二十四節気は啓蟄、春分

桃の節句（三月三日）

五節句のひとつで、「上巳《じょうし》の節句」とも「ひな祭り」ともいわれます。
もともと古代中国では、厄祓いの行事でした。日本に伝わってからも、紙で作った人形を身代わりとして川に流して厄を祓う、「流しびな」などの民俗行事と結びついたもののだったようです。

ちなみに五節句とは、一月七日（人日の節句）、三月三日（桃の節句）、五月五日（端午の節句）、七月七日（七夕の節句）、九月九日（重陽の節句）の五つです。このうち、人日の節句以外は、すべて陽数（奇数）の重なった、しかもゾロ目の日。つまり、陽が極まれば陰に変ずる、要注意の日、ということです。

節句とは、季節の節目の日でもあり、変化に乗じて魔がはいりこむ危険のある日でもあります。だから、厄や邪気を祓うことが必要なのでしょう。

啓蟄（三月五日ごろ）

二十四節気のひとつです。

冬眠していた土中の虫たちが、春の気に誘われてそろそろ姿を見せるころ、の意。

体感的にはまだ寒い日も多いのですが、東京ではこのころ気をつけていると、本当に小さな虫や、時には公園の池でヘビやカメに出会うこともあって、やっぱり自然は暦どおりなのだなあ、と感心してしまいます。

春分（三月二十一日ごろ）

二十四節気のひとつです。

「春たけなわ」の意もあって、暦の上では春のまっさかり。

春分は、九月の秋分とともに、昼夜の長さがほぼ等分。一年三六五日は、ざっくりといえば、日が長くなっていく時期と日が短くなっていく時期とに二分されます。そして、日が長くなっていく期間を陽遁期《ようとん》、短くなっていく期間を陰遁期《いんとん》といいます。陽遁期は暦上で、一白、二黒、三碧……というように、九星が順めぐりで進み、陰遁期は、九紫、八白、七赤……というように、九星が逆めぐりで進みます。

春分と秋分とは、日の長さでいえば同じといえますが、春分は日がのびつつある陽遁期にあり、秋分は日が短くなりつつある陰遁期にあります。心身に活力をもたらしてくれる陽の気と、心身に落ちつきをもたらしてくれる陰の気と――。自然はバランスよくできています。

春分以降三か月ぐらいは、どんどん日がのびて、陽の気が濃厚になっていきます。一年間という時のめぐりのなかで、最も活力のある時季です。ちょっとお疲れ気味の人は、心して自然と触れ合って、陽の気をしっかりチャージすると、ツキもやってくるというものです。

春のお彼岸（三月十七日ごろ～二十三日ごろ）

春分の日を中日として、前後三日間、合わせて一週間が春のお彼岸です。

ご先祖に思いを馳せて、お墓参りをされる人も多いでしょう。特に、土星（二黒土星、五黄土星、八白土星）を本命星にもつ人は、お墓参りをしっかりとすることで、ご先祖の守りがより強く感じられるようになるはずです。

また、お彼岸といえばつきものなのが、ぼたもちとおはぎ。ぼたもちとおはぎは、ご飯をあんで包んだ、同じような和菓子ですよね。何が違うのかといえば、春のお彼岸のお供え物がぼたもちで、秋のお彼岸にはおはぎになるということ。

このお菓子、春は牡丹の花に見立てて、やや大き目に作り、秋は萩の花に見立てて、やや小ぶりに作るのだそう。

四月（卯月《うづき》）

・十二支では辰の月
・二十四節気は清明、穀雨

清明（四月五日ごろ）

二十四節気のひとつです。

草木が芽吹き始めて、その種類が明らかになってくるころ、というほどの意。清々《すがすが》しく明るい、という文字そのままに、よく季節感があらわれています。このころ、日の入り時刻は六時台となって、いよいよ陽の気が深くなってきます。

花祭り（四月八日）

お釈迦様の誕生をお祝いする日。

たくさんの生花で飾られた、小さなお堂の中央にすっくと立つ、これもまた小さな誕生仏としての釈迦像。その頭上から甘茶を注いで礼拝する――、多くの寺院や、仏教系の学校などでも行われる、いかにも春の風物詩といったお祭りです。

甘茶で墨をすり、習字をすると字が上手になるとか。

春の土用（四月十七日ごろ〜五月立夏の前日まで）

花の季節、庭いじりが楽しいころです。

土用の期間は、土をいじってはいけないといわれていますが、普通のガーデニング程度なら大丈夫。ただし、一〜二メートルの穴を掘るような土工事や、大木を抜くようなことは避けたほうがよいでしょう。

土用が明けたら立夏。これから初夏に向かっていきます。

穀雨（四月二十日ごろ）

二十四節気のひとつです。

読んで字のごとく、五穀（米、麦、粟、黍、豆）を潤す春雨のこと。昔から農家では、この時期に種まきをすると、作物の生長に欠かせない雨に恵まれる、といわれています。

五月（皐月《さつき》）

・十二支では巳の月
・二十四節気は立夏、小満

端午の節句（五月五日）

国民の祝日、「こどもの日」です。

日本では、男子の健やかな成長を祝う日で、鯉のぼりや武者人形、鎧、兜などを飾ります。

ご本家の中国では、昔、この日は野原で疫病を祓うための薬草を摘む日で、本来は疫病を祓うための節句でした。今日、わが国にも邪気祓いの菖蒲湯として、その伝統が受け継がれています。

立夏（五月五日ごろ）

二十四節気のひとつです。

夏の気が立ち、清々しい青葉に目も心も洗われるようなころ。まさに初夏、一年中で最も伸び盛りの新鮮な気にあふれた時季です。

十日から十六日にかけての一週間は、愛鳥週間です。この時季、街中でツバメに会うのも、毎年の楽しみのひとつです。ツバメは九星でいえば、四緑木星の象意をもっています。つまり、風にのってよい知らせを運んできてくれる、ラッキーな鳥。だから昔から、軒先などにツバメが巣をかけた家は栄える、といわれているのですね。

街中でツバメに会ったら、その日はツイていますよ。

小満（五月二十一日ごろ）

二十四節気のひとつです。

草木が茂って天地に満ち始めるころ、とよく説明されていますが、陽の気が最高潮に達する夏至《げし》を来月に控えて、陽の気がもう少しで最高のところまで満ちてきているころ、というほどの意味でしょう。

薫風、青嵐という言葉は、五月の風をあらわしたもの。若葉の間をぬって吹くそよ風は薫風、それより少し強くて、若葉をざわめかせながら吹き渡る風が青嵐。どちらも若々しい生命力に満ちた自然の息吹がいっぱいで、そうしたなかにいると、思わず深呼吸をしたくなります。

また、五月は十二支では巳《み》が当てられていて、四月の辰と合わせて「辰巳（巽）」となり、九星では四緑木星が当てられています。四緑木星の基本象意は風。五月は、まさに緑の風の季節なのです。

行事と暦日で一年ひとめぐり――

六月（水無月《みなづき》）

・十二支では午の月
・二十四節気は芒種、夏至

芒種（六月五日ごろ）

二十四節気のひとつです。

芒種の「芒《のぎ》」とは、イネ科植物の実の外側にある固い毛のこと。つまり、芒のある穀物の種まき、植えつけの時期という意。そろそろ田植えも始まり、農家が多忙なころです。

夏至（六月二十一日ごろ）

二十四節気のひとつです。

六月は陽の気が頂点に達して、暦の上では夏のまっさかり。北半球では、太陽が一年中で最も高く昇り、昼間の時間が最も長いころでもあります。しかし、夏至を迎えるころには、すでに九星は順繰りに数を減らしていく陰遁期にはいり、次第に日が短くなり、少しずつ陰の気が深くなっていきます。

六月は、陽と陰とが交錯するところから、物事の分岐点ともとらえます。

夏越《なごし》の祓《はらい》（六月三十日）

一年の折り返し点である六月最後の日、神社で行われる大祓《おおはらい》の神事。茅《ちがや》を束ねて作った輪をくぐることによって、一年の上半期にたまってしまった心の罪、穢《けが》れを祓い浄めます。茅《ち》の輪《わ》は、左、右、左と八の字を描くように三回くぐりますが、この時、次の古歌を歌います。

「水無月の夏越の祓する人は千歳の命延ぶといふなり」（『拾遺和歌集』）

これが、茅の輪くぐりです。

一年の折り返し点を気持ちよく通過するための、昔の人の知恵が感じられる行事です。

七月（文月《ふみづき》）

・十二支では未の月
・二十四節気は小暑、大暑

小暑（七月七日ごろ）

二十四節気のひとつです。

七月は暦の上では晩夏になりますが、実感としては、これからが夏本番。小暑から八月の立秋までのあいだが、「暑中御見舞い」の季節でもあります。

七夕（七月七日）

五節句のひとつです。

天の川を渡って一年に一度だけの逢瀬が許されるという、織り姫（織女星《しょくじょせい》）と彦星（牽牛星《けんぎゅうせい》）の美しい話が中国から伝わっています。こうした伝説に、日本古来の禊《みぞぎ》や盆の行事が習合されたものが七夕で、星祭りともいいます。

五色の短冊に願い事を書いて、笹や竹につるして飾る風習は日本固有のものだそう。七夕飾りは、祈念の後には海や川へ流すのが本来のあり方ですが、近年は環境問題に配慮して、お焚きあげということも多いようです。

夏の土用（七月二十日ごろ～八月立秋の前日まで）

土用とは四季の変わり目で、それぞれ「立春」「立夏」「立秋」「立冬」の前、約十八日間と定められています。

昔から暦をあつかう世界では、土用期間は自然の気が荒れるので、移転や家屋の工事（建築、増改築、修理）を慎んできました。しかも、一年に四回ある土用のうち、特に要注意なのが、夏の土用。「火生土」という五行の働きから考えて、「火性」の夏は「土性」の力が最も強まり、それにつれて凶作用も大きいと考えます。

暑さのさなか、体も疲れますから、土用の丑の日にはウナギを食べて英気を養いましょう、ということにもなります。

また、土用の丑の日には、家の門口などにアジサイの花をつるして厄除けにしたり、商売繁盛を願ったり……という風習も、日本各所にあるようです。

大暑（七月二十三日ごろ）

二十四節気のひとつです。

ズバリ「大暑」なのですから、暑さもたけなわ。土用期間中ですから、いつも以上に天候の変化には要注意。海は「土用波」で荒れ、山も天候の変化多し、とみます。

八月（葉月《はづき》）

・十二支では申の月
・二十四節気は立秋、処暑

立秋（八月七日ごろ）

二十四節気のひとつです。

夏の土用も明けて立秋を迎えたら、暦の上では、はや初秋。秋の気配があらわれてくるころで、この日から、「暑中御見舞い」ではなく、「残暑御見舞い」ということになります。

月遅れ盆（八月十三日〜十六日）

亡くなった方やご先祖の霊を供養する儀式で、新暦の七月（十三日〜十六日）に行う場合もあります。全国的なお盆休みは、八月中が一般的。

お盆には、十三日の夕方に迎え火を焚いて、亡くなった方の御霊を家にお迎えし、十六日に送り火を焚いて、送りだします。お盆の行事については、各地でいろいろなやり方があるようですが、京都市の五山の送り火「大文字焼き」や、長崎県の「精霊流し」は、特に有名です。

この時季、地上は夏祭りで盛りあがり、ご先祖様の霊も帰宅されるのでしょう。肉体のない魂は、しばしばホタルやチョウなど飛ぶ生き物を乗り物として、やってきます。昔から、特にお盆のころの殺生を戒めているのも、そんなところに理由があります。また、同じ理由で――お盆の時期とは限りませんが、釣りや昆虫採集をしている最中に火の玉を見るなどの怪異にあった場合には、捕った生き物は放してやらなければならない、という古い伝承もあります。

十五日は終戦記念日。ホタルになって帰ってきたという、特攻少年兵の話などが思い出されます。

処暑（八月二十三日ごろ）

二十四節気のひとつです。

暑さがおさまってくるころ。実際には厳しい残暑に悩まされることも多い時季ですが、日ざしや植物など、あたりの様子からは、秋の気配が感じられます。

九月（長月《ながつき》）

・十二支では酉の月
・二十四節気は白露、秋分

白露（九月八日ごろ）

二十四節気のひとつです。

秋が本格的に到来し、大気が冷えて、草木に朝露が結ぶころです。

重陽の節句（九月九日）

五節句のひとつです。

九月九日は、陽数（奇数）のなかでも最も極まった九という字が重なることから「重陽《ちょうよう》」と名づけられました。そして、秋を彩る花といえば菊。だから、菊の節句ともいわれます。

この日は、菊酒（菊の花を漬けこんで作った酒、または、たんに菊の花びらを浮かべた酒）を飲んで、邪気を祓い、健康と長寿を祝す、というのが古来のすごし方だそうです。


このころ、旧暦の八月十五日に当たる、満月の日があります。「中秋の名月」です。菊の香りのお酒を楽しみつつ、月を愛《め》で、夏の疲れを払うのもいいですね。

秋分（九月二十三日ごろ）

二十四節気のひとつです。

このころ、昼夜の長さがほぼ等分。夏至のころにくらべて、日没は一時間二十分ぐらいも早くなっています。日ごとに陰が深くなっていく陰遁期にあり、すべてが収斂していく季節といえます。

秋のお彼岸（九月二十日ごろ～二十六日ごろ）

秋分の日を中日として、前後三日間、合わせて一週間が秋のお彼岸です。

春のお彼岸同様に、ご先祖様に思いを馳せて、お墓参りをされる人も多いでしょう。

お彼岸といえば、ちょうどこの時季に開花する彼岸花も、秋の風物詩です。ただ、この花、昔は縁起の悪い花として、観賞用にされることはあまりありませんでした。今は、秋を彩る鑑賞花としてすっかり市民権を得て、一面の彼岸花が咲くスポットは、テレビなどでもさかんに紹介されています。また、一般家庭の庭でも、よく見かけます。

しかし、やはり、野における彼岸花。

この花は、外で愛でるに止めて、切り花として部屋の中などには持ちこまないほうがよさそうです。また、自宅などの庭に植えることも控えたほうがよいです。

十月（神無月《かみなづき》）

・十二支では戌の月
・二十四節気は寒露、霜降

寒露（十月八日ごろ）

二十四節気のひとつです。

寒露とは、草花に結んだ冷たい露のこと。暦の上ではもう晩秋の十月、天は高く、月も皓々《こうこう》と照り映えるころです。

万物が静かに終息していく季節ですから、心に落ちつきを取り戻すには最適。いつもせわしく、あわてやすい人は、日没のころ、静かな場所で深呼吸をしてみてください。心身のクールダウンに役立ちます。

このころ、「後の月」といわれる旧暦の九月十三日に当たる「十三夜」があります。「十五夜」の満月についで月が美しく見える時、といわれています。

十五夜と十三夜とは、ペアでお月見をするのがよいそうですから、十五夜を楽しんだ人はぜひ「十三夜様」もしっかりと拝んで、月のエネルギーをたっぷりといただきたいものです。

体育の日（十月第二月曜日）

暦の上では晩秋ながら、秋たけなわの観のある十月。清々しく、すごしやすいこともあって、行楽シーズンです。体育の日を中心として、各地でスポーツ関係のイベントも盛りあがります。

日ごろから、今イチ元気がない、体が弱い、体を動かせない、という人は、ぜひスポーツ観戦に出かけてみてください。選手たちの熱気を肌で感じることで、きっと、ご自身の全身の細胞も活性化されるのが実感できるはずです。

秋の土用（十月二十日ごろ〜十一月立冬の前日まで）

「土用干し」という言葉があって、これは夏や秋の土用期間中に衣類などの虫干しをすることです。これに関連して、「曝書《ばくしょ》」「曝涼《ばくりょう》」という言葉があって、こちらも書物や衣類などを日にさらして、風を通すこと。

虫干し、曝涼などという言葉は、いずれも夏の季語とされていますが、こうしたことは実際には、秋、晴天が二日以上つづいた日に行うのがよいそうです。

空気の澄んだ秋の土用のころは、虫干しには最適。秋晴れの一日、日ごろは本箱の奥にしまいこんである本を取りだして、風と日にさらしてみてはいかがでしょうか。

虫干しなど不要な電子書籍は便利かもしれませんが、手間をかけて本を並べて風を通す――そんな、ゆるやかな時の流れを味わいたいと思います。

霜降（十月二十三日ごろ）

二十四節気のひとつです。

文字通り霜が降るころで、虫の音もだんだんか細くなって、移りゆく季節が感じられます。

そろそろ紅葉の便りも聞こえてきます。

十一月（霜月《しもつき》）

・十二支では亥の月
・二十四節気は立冬、小雪

立冬（十一月七日ごろ）
二十四節気のひとつです。
いよいよ冬の始まり、北国では初雪が降り、関東では木枯らしが吹き始めます。晩秋から初冬にかけて（十月半ばから十一月末日まで）吹く、冷たい北よりの強風が木枯らし一号。気象庁による発表は、東京と近畿地方だけだそうです。
また気象では、十二、一、二月が冬に当たるそうですが、暦の上では十一、十二、一月が冬。俳句の世界でも十一月は冬だそうです。

酉の市（十一月の酉の日）
初冬の風物詩のひとつに「お酉様《とり》」があります。
関東地方で盛んなお祭りで、東京浅草の鷲《おおとり》神社をはじめ、鷲神社にちなむ神社で市が立ちます。

この「酉の市」につきものなのが、竹製の熊手に、おかめのお面や大判小判などをつけた縁起物の熊手。熊手は、穀物や落ち葉などをかき集めることから、九星に当てはめれば八白土星となります。福をかき集めて、蓄える八白土星は蓄財の星。

初冬のひととき、お酉様に繰りだして、八白土星のエネルギーをいただき、ツキを呼びこむのもよいですね。

七五三（十一月十五日）

三歳（男女とも）、五歳（男子）、七歳（女子）の子供の成長を祝う行事。晴れ着を着て、神社、氏神に詣でます。三歳、五歳、七歳は子供の厄として、厄祓いの意味もあります。

小雪（十一月二十二日ごろ）

二十四節気のひとつです。文字通り、雪の季節の到来です。

いよいよ日脚が短くなって、とっぷりと日が暮れると寒さが身にしみるころです。でも、晴れた日にはポカポカと暖かく、街のなかでも美しい紅葉が楽しめます。そんな日を「小春日和」といいますが、「小春」とは旧暦十月の異称。新暦の十一月から十二月初めごろに当たります。一月や二月に暖かい日があっても、小春日和とはいいません。

十二月（師走《しわす》）

・十二支では子の月
・二十四節気は大雪、冬至

大雪（十二月七日ごろ）
二十四節気のひとつです。
大いに雪が降り積もるというほどの意で、暦の上では冬のまっさかり。一年の納めの月でもあり、やはり師走。師（お坊さん）ならずとも、連日、忙しくとびまわっている人も多いことでしょう。

冬至（十二月二十二日ごろ）
二十四節気のひとつです。
北半球では太陽の高さが最も低くなり、夜が最も長いころ。このころを境に、また少しずつ日脚がのびていきます。暦をながめると、冬至を迎えるころには九星も順めぐりとなり、陽遁期にはいったことがわかります。「易」が教えているとおり、陰が極まって陽がかえってくるのです。だから、冬至は「一陽来復」。

邪気祓いの柚子湯につかりながら、陽の兆しを感じてみたいと思います。

大晦日（十二月三十一日）

一年の最後、年越しの日です。

もともと毎月の最終日を晦日といいますが、一年の最後だから大晦日。そして、大晦日の夜が除夜です。

昔、除夜には年神様をお迎えするために、一晩中寝ずにいる、という風習がありました。この時に眠ってしまうと、白髪やシワがふえるのだとか。

この日、神社では大祓（年越しの祓）が行われます。一年間にたまった穢れを祓い浄める神事です。

また、それよりももっとなじみ深い大晦日の行事といえば、年越しそばと除夜の鐘でしょう。

年越しそばは、江戸時代から庶民のあいだに定着したもので、そばが細く長いところから、命や幸せも長くつづくという縁起物。

除夜の鐘は、人間がもつという百八の煩悩を祓うために、お寺で撞かれるもの。鐘をひとつずつ撞くことで、煩悩もひとつずつ除かれていくということです。百八の鐘のうち、最後の一回は年が明けてから撞きます。新しい年が、煩悩から解放されますように――、との祈りをこめながら。

二章――気学が明かすあなたの強みと弱み

気学とはこんな占術

気学の源流は古代中国の陰陽五行説

暦を用いた開運法といえば、数ある占術のなかでも、やはり気学ということになります。

気学は古代中国の易から派生して、日本で大正時代に体系化されたものです。それは、気学以前にすでに日本で広く行われていた九星術を母体として、方位学、家相学を合わせて、ひとつの運命学として確立されたものです。

九星術を母体とした気学では、九つの星とその動きとによって運勢を見ていくわけですが、しかし、気学で用いる星は、西洋占星術で用いるような実際の星ではありません。西洋の星が「天の星」なら、気学の星は人間の心（観念）が生みだした「地の星」ともよぶべきものです。

ここで、気学の起源である易について、少し考えてみたいと思います。

今からおよそ四五〇〇年前、古代中国においては、すでに『易経《えききょう》』の原型ができていたといいます。その『易経』では、現象界のすべてを陰《いん》と陽《よう》とで説明しています。

まず宇宙の大もとの気、エネルギーとしての「太極《たいきょく》」がすえられ、そこから陰陽ふたつの気が生じ、さらに万象が生まれてきます。太極は、陰陽《インヤン》のマークで知られる「太極の図」であらわされ、それは円のなかで白と黒ふたつの勾玉《まがたま》形が組み合わされた図形です。（64ページの図参照）

この陰陽ふたつの気から生じた現象界のあり方は、天と地、昼と夜、光と影、表と裏、男と女……というように、すべてペアになってひとつの大きな意味をもってきます。

ところで、古代中国にはこの陰陽の考え方と、もうひとつ重要な考え方がありました。それが五行の観念です。五行とは、木《もく》、火《か》、土《ど》、金《ごん》、水《すい》という五つの要素で、これによって自然現象や社会現象などを解釈していくのが五行思想です。

こうして「太極」から生じた陰陽ふたつの要素に五行思想が結びつき、やがて、九つの星が生まれます。一白水星《いっぱくすいせい》、二黒土星《じこくどせい》、三碧木星《さんぺきもくせい》、四緑木星《しろくもくせい》、五黄土星《ごおうどせい》、六白金星《ろっぱくきんせい》、七赤金星《しちせききんせい》、八白土星《はっぱくどせい》、九紫火星《きゅうしかせい》がそれで、このうち五黄土星をのぞく八つの星は、そのまま易のあらわす、天《てん》、沢《たく》、火《か》、雷《らい》、風《ふう》、水《すい》、山《さん》、地《ち》の八卦《はっか》の象意をもっています。

そして、これら八つの星はそれぞれ八方位に配されて、固有の働きをします。なお、もともとの八卦にはない五黄土星は中央に配されて、ひじょうに重要な意味をもってきます。

気学では、主としてこの九星に十二支を組み合わせて各種の判断をしていきます。

太極の図
（陰陽《インヤン》のマーク）

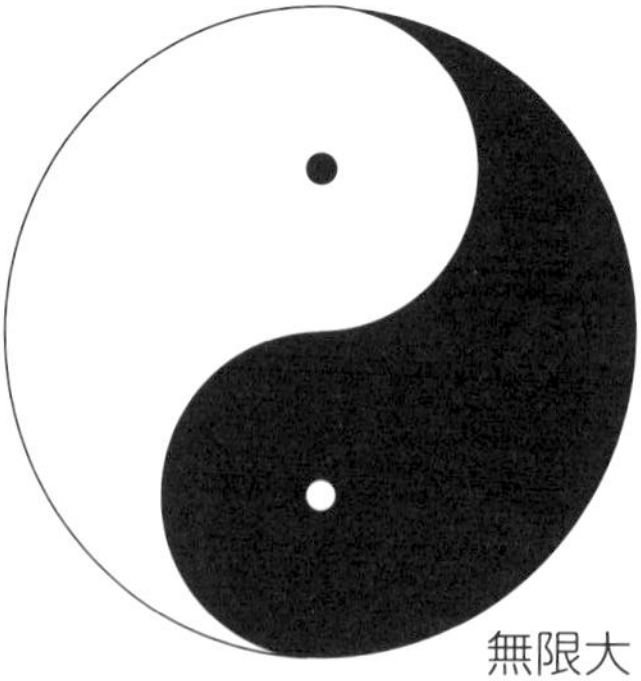

無限大（∞）の宇宙をあらわしている

陰	陽
‐ ‐	―
地・夜・影・裏・女・静	天・昼・光・表・男・動

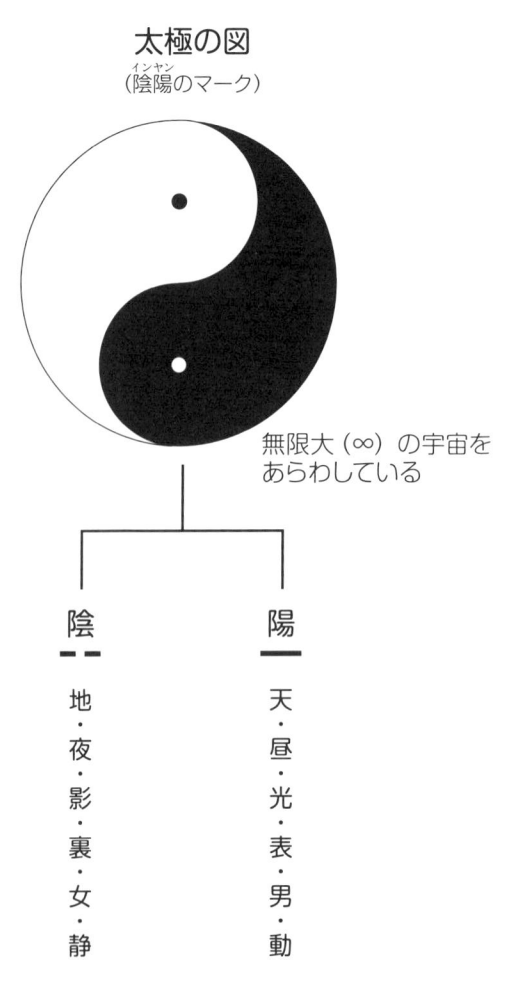

定位盤（九星盤）

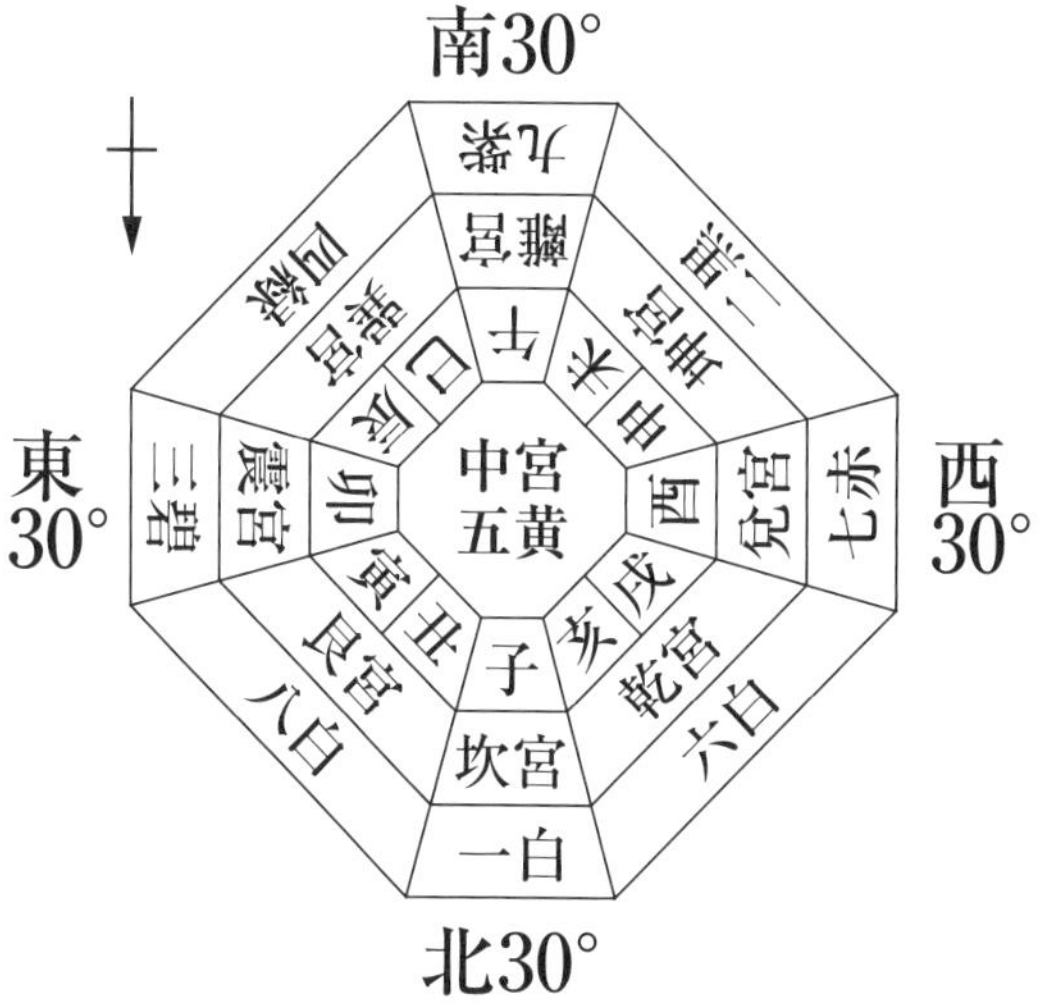

定位盤は暦活用の要

上の図を見てください。これは九星盤のうちでも特に定位盤といわれるもので、気学の最も基本となる九星の配置をあらわしたものです。

中央の八角形の部分を中宮とよび、これをかこんで、それぞれ方角をもつ八つの宮があります。

気学では、これらの宮を次の言葉であらわし、それぞれの宮には基本的な意味が決められています。この基本的な意味は、後で述べる九星おのおのの基本的象意とともに、気学のあらゆる占断の上で活用されることになります。

中宮《ちゅうぐう》（方位なし）……のぼりつめた帝王の座ですが、特別の意味はありません。
乾宮《けんきゅう》（北西60度）……成功運、独立運、夫運
坎宮《かんきゅう》（北30度）……部下・使用人運、セックス運
艮宮《ごんきゅう》（北東60度）……不動産運、きょうだい運
震宮《しんきゅう》（東30度）……才能運、発展運
巽宮《そんきゅう》（南東60度）……対人関係運、取り引き運、信用運、結婚運
離宮《りきゅう》（南30度）……名誉運、頭脳運
坤宮《こんきゅう》（南西60度）……家庭運、勤め運、妻運
兌宮《だきゅう》（西30度）……金銭運、恋愛運

そして、中宮をふくむおのおのの宮には毎年、毎月、毎日、必ず九つの星が規則的に配置されます。九つの宮は変動することはありませんが、星のほうは毎年、毎月、毎日、それぞれ九年、九か月、九日を一期として、周期的に循環しています。

この年々歳々に運行していく一定の法則にしたがった九星の周期運動を遁甲《とんこう》といい、それを一覧表にしたものが暦（九星循環表）というわけです。

九星の基本象意をマスターする

中宮をのぞく八つの宮にはそれぞれ意味が定められていたのと同時に、九星にも、それぞれ意味が定められています。しかも、気学ではあらゆる現象のいっさいを九つの星とその動きで判断するので、星にこめられる象意は無数に生じてきます。そのなかで最も基本的なものは、易の八卦から直接とられた次の象意です。

一白水星　易の坎《かん》（☵）の卦から生じたもので、「水」をあらわします
二黒土星　易の坤《こん》（☷）の卦から生じたもので、「地」をあらわします
三碧木星　易の震《しん》（☳）の卦から生じたもので、「雷」をあらわします
四緑木星　易の巽《そん》（☴）の卦から生じたもので、「風」をあらわします
五黄土星　九星中特殊な星で、易の卦にはありません。古来いろいろな考え方がありますが、ここでは「帝王の星」、善にも悪にも強い強烈な作用をおよぼす星、と覚えておいてください。
六白金星　易の乾《けん》（☰）の卦から生じたもので、「天」をあらわします
七赤金星　易の兌《だ》（☱）の卦から生じたもので、「沢」をあらわします
八白土星　易の艮《ごん》（☶）の卦から生じたもので、「山」をあらわします
九紫火星　易の離《り》（☲）の卦から生じたもので、「火」をあらわします

以上、易からとられた九星の基本的象意をあげましたが、気学を活用するうえでは、現象界のすべてのことを九星のいずれかにあてはめ、分類しなければなりません。100～116ページに、九星を理解するための「九星象意キーワード一覧」をのせましたので、これを母胎として、さらに推理力を働かせて実占に当たっていただきたいと思います。

九星盤のそれぞれの方位の角度は、東西南北は三十度に定められており、北東、南東、南西、北西は六十度に定められています。そして十二支は、それぞれ次のように配されています。

子――北（坎宮）
丑・寅――北東（艮宮）
卯――東（震宮）
辰・巳――南東（巽宮）
午――南（離宮）
未・申――南西（坤宮）
酉――西（兌宮）
戌・亥――北西（乾宮）

ただし、気学において九星盤を見る場合には、一般の地図と違ってつねに下方が北になりますから、この点、特にまちがえないようにしてください。

運命のカギをにぎる本命星

さきほど、九星盤上で九つの星は毎年、毎月、毎日、規則的に変化（遁甲）していると書きました。巻末の「九星循環表」（暦）はそれをあらわしたもので、年、月、日の中宮星が一目瞭然にわかるようにできています。（これは後の章の運勢判断で使用します）

そして、あなたの運命のカギをにぎっているのは、あなたが生まれた年にその年の九星盤（年盤）の中宮にいた星で、これを本命星といいます。本命星は、あなたが生まれでて初めて地上の大気にふれた時に中宮に回座していた星で、あなたの先天的な運勢や性格を明かしています。また、この本命星はあなたに一生かかわりをもつ星で、気学を用いて運勢を変えたり、開運をはかる場合にも使うことになります。

117ページの「本命星早見表」は、あなたの生まれ年から本命星がすぐに探しだせるようになっています。ただ、ここで気をつけてほしいことがひとつあります。それは、気学が旧暦の一種をもとにした占術であるために、毎年二月の立春をもって年度変わりとする、ということです。したがって、節分以前に生まれた人は、前年の本命星となります。

本命星が明かすあなたの開運ポイント

一白水星生まれ　★開運のカギ…「日なたの道」に開運あり

本命星が一白水星のあなたは、本質的に「水の性」をもっています。
水は「柔軟性」「流れ」であり、その流れにも強弱があって、小川のせせらぎのようなものから、さかまく大波、津波のようなものまであります。そのため、この星をもった人は、ふだんはもの静かな人ですが、いざとなると周囲をアッと言わせるような大胆なことをやってのけます。

一方、「水は方円の器にしたがう」という言葉どおり、この生まれの人は相手や環境に応じて、いかようにも自分を変える柔軟な社交性に長《た》けています。結果、あなたもいろいろな世界に、広い人脈をもっているはずです。観察力が鋭く、人の心を見ぬくのも得意ですから、思わぬ出会いからチャンスをつかむことも多く、人生は変化に富んだものとなるでしょう。

知的で冷静、クールな印象を与える一白水星生まれですが、実は、内面ではいつもスリリングな冒険を求めているような人も多いのです。小さな一滴の雨粒から始まって、やがては波高い大海原に漕ぎだしていく姿が、この星の本来のあり方ともいえます。

ただし、この星の特質がマイナス（凶）の状態で出てくると、放浪癖となって、住所、職業、果てはパートナーまでも定まらず、つぎつぎと替えていくようなことになりかねません。こうなると、せっかくいい才能をもっていても花が開かなくなります。

人づき合いが悪い、放浪癖がある、あるいは引きこもりである、異性関係でトラブルが多い、という一白水星の人は、この星のマイナス（凶）の状態を多くもった人であり、運の悪い一白水星といえます。このような人は、これまでに移転などで大きく使った方位、あるいは住居の北の部分に問題があるのかもしれません。

どの九星にも、その星自体がもつプラス（吉）の面とマイナス（凶）の面とがありますが、自分の本命星のプラスの面を伸ばしていくことが気学による開運の王道です。

あなたの開運ポイントは、心をオープンにすること、ひとつのことにじっくりと取り組む忍耐力をもつこと、柔軟な社交性を生かして多くの人と出会い人脈を広げること、物事を明るく前向きにとらえる目を養うことです。

二黒土星生まれ　★開運のカギ…「情けは人のためならず」を地でいく

本命星が二黒土星のあなたは、本質的に「地の性」をもっています。

地とは「母なる大地」であり、「畑」です。踏みつけられても文句をいわず、もくもくと草木をはぐくみ育てる土、縁の下の力持ちでもあります。

したがって、二黒土星生まれの人は努力家で、働き者です。決して派手な動きはしませんが、休むことなくコツコツと働きつづけて、長い年月をかけていつしかグループのなかの重鎮になるような人です。組織のトップよりは補佐役、女房役として力を発揮します。

また、人を教え導き、育てることが得意ですから、どのような分野であれ、指導者、先生職についた場合には優秀な弟子、教え子を輩出することになります。

ただ、この星をもった人は緩慢に働く土の作用から、決断力の鈍いところと意外に頑固なところがあります。二黒土星がマイナス（凶）の状態で出てくると、理屈っぽく、でしゃばりな人となります。そうすると、この星の「従順」という長所も生きてきませんから、運も開けません。さらに、もっと悪いのは、二黒土星という星をもちながら、怠け者で何事も手抜きをしようとする人です。このような人は、これまでに移転などで大きく使った方位、あるいは住居の南西の部分に問題があるのかもしれません。

どの九星にも、その星自体がもつプラス（吉）の部分とマイナス（凶）の部分とがありますが、自分の本命星のプラスの部分を伸ばしていくことが気学による開運の王道です。

あなたの開運ポイントは、地道な努力を忘れないこと、持ち前の包容力を発揮して人の相談にのるなど、よくめんどうを見ることです。手先の器用さがありますから、手芸や工芸の分野で活躍することもできるでしょう。いずれにしても、健康であるかぎり働きつづけることが、あなたの達成感や幸せにつながり、豊かな人生の源泉となります。

三碧木星生まれ　★開運のカギ…「継続は力なり」を肝に銘じる

本命星が三碧木星のあなたは、本質的に「雷の性」をもっています。

春雷という言葉がありますが、春先に鳴りさわぐ雷は、どこかさわやかで、カラッとしています。三碧木星の雷は、そんな若々しい活力、行動力をあらわしています。

この星をもった人は、じっとしていることが苦手で考えるより先に体が動くタイプ。東を本来の座所とする三碧木星は若い星ですから、万事に新しいこと、珍しいことを好み、流行にも敏感でしょう。先見の明があり、そのうえ頭の回転が早く、弁舌もさわやかです。

ただし、このような三碧木星の働きがマイナス（凶）の状態で出てくると、落ちつきがなく飽きっぽい人となります。また、騒々しく口数が多くなり、もっと悪くなるとウソつきということにもなってしまいます。これは、三碧木星生まれの人の最も悪いパターンです。逆に、言うべき時に自分の意見を言えず、おずおずしている三碧木星生まれも、星のプラス（吉）の部分が生かせない人で、運の弱い三碧木星の人となります。このような人は、これまで移転などで大きく使った方位、あるいは住居の東の部分に問題があるのかもしれません。

どの九星にも、その星自体がもつプラス（吉）の部分とマイナス（凶）の部分とがありますが、自分の本命星のプラスの部分を伸ばしていくことが気学による開運の王道です。

あなたの開運ポイントは、人より一歩先んじて思いついたアイディアや企画を、落ちついて、気長におし進めていく持続力を保つことです。ひっこみ思案の人は、人前で大きな声で堂々と話ができるよう訓練することも、運気アップの役に立ちます。三碧木星生まれで声のよい人は、この星の徳分をもった、運のよい人です。歌手やアナウンサー、ニュースキャスターなど、声や弁舌を生かす道に進むこともよいでしょう。

ただ、この星は初年運なので、人生の早いうちに生涯の基盤をかためておく必要があります。中年期以降の転職や、定年後の仕事では無理をしないほうがよいです。

四緑木星生まれ　★開運のカギ…信用と情報収集能力＆整理整頓

本命星が四緑木星のあなたは、本質的に「風の性」をもっています。よく「風の便りに、うわさを聞く」などといいますが、風は遠方からそれとなくいろいろな情報をもたらし、また、遠方へと情報を運んでいきます。さらに、風はどんなに狭いすき間にもはいりこむところから、四緑木星生まれの人は情報通であると同時に、誰の腹中にもはいりこんで、上手に人間関係を築いていきます。柔軟な社交性があり、いわゆる融通のきく人でしょう。

四緑木星という星はバランスのよくとれた星なので、この星をもったあなたも、何事にも無理をせず、信用を重んじる、きちんとした人のはずです。

ただし、この星の特質がマイナス（凶）の状態で出てくると、柔軟性は優柔不断や八方美人となり、決断力の鈍い人となります。また、四緑木星は商取り引きの星ですから、計算高い人、という意も出てきます。このような人は、これまで移転などで大きく使った方位、あるいは住居の南東の部分に問題があるのかもしれません。

どの九星にも、その星自体がもつプラス（吉）の部分とマイナス（凶）の部分とがありますが、自分の本命星のプラスの部分を伸ばしていくことが気学による開運の王道です。

あなたの開運ポイントは、何事にも小さな成功による実績をたくさん積みあげていって、信用をつけていくことです。情報収集、取り引きに強い星ですから、信用がつけばつくほど、大きな仕事に恵まれるようになります。

また、移転、転職、海外生活といった環境の変化によってチャンスをつかんだり、旅先でラッキーな出会いをすることが多いでしょう。逆にいえば、腰が重い四緑木星の人は、なかなか運が伸びないともいえます。

風通しのよい生活、整理整頓も四緑木星の徳分。かたづけベタの四緑木星は、運が伸びません。

五黄土星生まれ　★開運のカギ…節度ある生活で一国一城の主を目ざす

本命星が五黄土星のあなたは、本質的に「帝王の性」をもっています。

この星はもともと九星のなかでも特別な星で、帝王の座にあって、他のすべての星を統《す》べる存在です。そのため、五黄土星生まれの人には、強い信念と大胆な行動力、そして周囲に対する細心の目配りと思いやりの心とが与えられました。どんな世界に生きるにしても、必ず一国一城の主《あるじ》となる人で、生まれながらにして頭領《とうりょう》運をもっています。

しかしながら、五黄土星という星は「壊乱の星」でもあり、一筋縄ではいきません。この星をもった人には両極端があって、リーダーとして人望があつく、堂々と人生を渡っていく人がいる一方で、生活が乱れ、社会からドロップアウトしてしまうような人もいます。

後者は、この星の強さが悪いほうに働き、マイナス（凶）の状態が出てしまった人です。このような人は、これまでに移転などで大きく使った方位、あるいは家相のどこかに大きな問題があるのかもしれません。

どの九星にも、その星自体がもつプラス（吉）の部分とマイナス（凶）の部分とがありますが、自分の本命星のプラスの部分を伸ばしていくことが気学による開運の王道です。

あなたの開運ポイントは、まずは、わがままや自己中心的なふるまいをおさえて、節度ある生活を心がけることです。基本的に正直な人ですが、協調性に乏しく、ワンマンなので、人に使われることは不得手です。したがって、サラリーマンでは苦労が多く、独立して本来の力を発揮することになるでしょう。自営業、自由業、特殊な能力を生かす道を歩むことで、納得できる人生となります。

また、つねに自分より弱い立場の人に対する思いやり、いたわりの心を忘れなければ、大きな社会事業や宗教の分野での活躍もできる人です。

六白金星生まれ　★開運のカギ…まずは実現可能な短期目標を達成

本命星が六白金星のあなたは、本質的に「天の性」をもっています。天は「大きい」ものであり「父」「施し」であり、「権力」でもあります。

この星をもった人は、秋晴れの大空を思わせる、公明正大な人です。曲がったことがきらい、理想が高く、プライドも高いのです。心にもないおせじは言えないタイプで、どちらかといえばぶっきらぼうですが、陰《かげ》ひなたがなく、めんどう見のよい性格は特に自分より若い人たちに慕われて、理想の上司といわれるような人でしょう。

ただ、何事も「大きい」ことはよいのですが、六白金星という星がマイナス（凶）に働くと、夢ばかりが大きくて実行がともなわない、誇大妄想的な状態が出てきます。また、気位の高さや権力志向が強く出て、つねに人間関係のあつれきが絶えないという人は、この星のマイナスの状態を多くもった人です。このような人は、これまで移転などで大きく使った方位、あるいは住居の北西の部分に問題があるのかもしれません。

どの九星にも、その星自体がもつプラス（吉）の部分とマイナス（凶）の部分とがありますが、自分の本命星のプラスの部分を伸ばしていくことが気学による開運の王道です。

あなたの開運ポイントは、まずは実行可能な小さな目標を定めて、それをひとつずつクリアしていくことです。その積み重ねが、やがては大きい目標達成へとつながります。ただ、どうしても大ざっぱな性格から、何事も最後の詰めが甘くなりやすいので、特に大きな事業を企てるような場合には、有能な補佐役が必要となるでしょう。

本来の座所が晩秋にあたる六白金星は、晩年運、子供運がよいといわれています。若い時代にめんどうを見た人たちが立派に成長して、集まってきてくれるのです。

六白金星は戦いの星、スポーツの星でもありますから、この生まれの人にとっては、相手に対しても、自分に対しても、チャレンジすること自体が楽しみでもあります。ただし、人生には、時には「負けるが勝ち」という選択があることも忘れないでください。

七赤金星生まれ　★開運のカギ…これひとつの「芸が身を助ける」

本命星が七赤金星のあなたは、本質的に「沢《さわ》の性」をもっています。沢とは止《とど》まっている水であり、穏やかな水です。

この星をもった人は、にぎやかなムードメーカーですが、実はウェットな人でもあります。趣味が豊富なので、楽しいおしゃべりで人をその気にさせるのが得意で、むずかしいことをやんわりと説得することも上手です。

生涯、食に困らないほどほどの金運はありますが、趣味やレジャーに散財する傾向が強いので、特に若いころには、あまりお金が貯まらないかもしれません。七赤金星生まれの人が一財産築くとすれば、親ゆずりの財産を使い果たした後、中年期以降のことともいわれています。

ただ、運の強い七赤金星の人はお金の使い方が上手です。趣味や芸事など、自分の楽しみのためにお金を使うのですが、それが身について、後年役立つことになるのです。

どの九星にも、その星自体がもつプラス（吉）の面とマイナス（凶）の面とがありますが、まずは、自分の本命星の特質をよくわきまえることが大切です。

七赤金星生まれの場合には、お金の使い方とともに、言葉に気をつけなければなりません。この星の口達者なところがマイナスの状態で出てくると、口先ばかりのお調子者ということにもなりかねません。巧みな話術は、その裏に危険な舌禍がひそんでいます。愚痴っぽかったり、言葉にトゲのある七赤金星の人は、この星のマイナスの状態を多くもった人です。このような人は、これまでに移転などで大きく使った方位、あるいは住居の西の部分に問題があるのかもしれません。

気学による開運の王道は、自分の本命星のプラス（吉）の面を伸ばしていくことです。

あなたの開運ポイントは、誠意をもって人を楽しませ、スムーズな人間関係を展開していくことです。接客業、営業職、タレントなどでも活躍できるでしょう。また、晩年運がよいこともあり、若いころからこれひとつという趣味や芸事にうちこみ、それを生かせるようにすると、人生が豊かになります。

八白土星生まれ　★開運のカギ…入ったものはガッチリ蓄えほどほどに使う

本命星が八白土星のあなたは、本質的に「山の性」をもっています。

山はどっしりと不動のもの……かと思えば、突然の大噴火をおこしたり、思わぬことをするものです。また、山には金銀財宝の鉱脈が眠っていて、古来、多くの山師たちの欲望を刺激しつづけてきました。

そんな山の精を受けた八白土星生まれの人は、ふだんは温和ですが、いざとなるとテコでも動かないしぶとさを発揮し、自己主張をしてきます。それは、場合によっては大いに頼りになるところですが、時には物事を停滞させる原因にもなってしまいます。

また、この生まれ星の人は、転職、起業、離婚、再婚など、人生そのものが変化に富んだものであり、七転び八起きの運勢です。蓄財心という点では九星中随一で、不動産にも縁があります。

ただし、八白土星という星の力がマイナス（凶）の状態で作用すると、飽きっぽいうえに一攫千金を狙うような山師的な人となります。このような人は、これまでに移転などで大きく使った方位、あるいは住居の北東の部分に問題があるのかもしれません。

どの九星にも、その星自体がもつプラス（吉）の部分とマイナス（凶）の部分とがありますが、自分の本命星のプラス（吉）の部分を伸ばしていくことが気学による開運の王道です。

あなたの開運ポイントは、入ってきたものはガッチリと貯めて、計画的にコマを進めていくことです。ただ、八白土星生まれの人にとって悩ましいのは、やはりお金の使い方。出すものも出さず貯めこむばかりでは強欲になって、運気停滞にもなりますが、さりとてあまり気前のよい八白土星というのは、これもまた強運とはいえないのです。

また、相続運があり、親きょうだいのめんどうを見る立場になりやすいのですが、家族や親戚との関係を大切にすることで人生が豊かになる、という暗示があります。

九紫火星生まれ　★開運の力ギ…情熱を忍耐強く燃やしつづける

本命星が九紫火星のあなたは、本質的に「火の性」をもっています。

九紫火星は、太陽の用（はたらき）をあらわしており、太陽が南中し、最も美しく輝く時の姿でもあります。

この星をもった人は、美的センスに恵まれた情熱家です。美しいものに対するあこがれが人一倍強く、文学や美術に才を発揮しますが、何事も熱しやすく冷めやすいところがあります。概して、頭の回転がはやくひらめき型の人が多いのですが、物事を突き詰めて掘り下げていくことは得手ではありません。

おしゃれでファッションにもよく気をつかいますから、男女を問わず、いわゆる「かっこうのいい人」です。ただ、髪型や服装にこだわることで身を飾るのはよいとして、行動や言葉を飾ろうとすると、ただの見栄っぱりになってしまいます。また、ちょっとしたことで感情的になってカッとしやすいので、友だちは多いものの、摩擦も絶えないといったことになりがちです。

これは、九紫火星という星のマイナス（凶）の面が強く出ているのですが、このような人は、これまでに移転などで大きく使った方位、あるいは住居の南の部分に問題があるのかもしれません。

どの九星にも、その星自体がもつプラス（吉）の部分とマイナス（凶）の部分とがありますが、自分の本命星のプラス（吉）の面を伸ばしていくことが気学による開運の王道です。

あなたの開運ポイントは、思いついたことやひらめいたことを一過性に終わらせずに、じっくりと考えてみることです。そして、これひとつと思いを定めたら、そのことに対して情熱を持続させてください。あなたは、どちらかというと名誉名声を夢見る心が強い人ですが、それはただ求めて得られるものではありません。あなたが、忍耐強く努力して、もてる才能を開花させた時に自然についてくるものなのです。

運勢の盛衰リズムを知って開運しよう

運勢の波は九年周期でくり返す

気学では人間の運勢について、次の四つの項目をあげて、開運の手立てを考えます。

1、生年月日による先天的な運勢や、先天的に備わっているパーソナリティー。
2、星の動きによる毎年の運勢の盛衰。
3、移転や旅行で動くことによってあらわれる、方位の吉凶作用。
4、住んでいることによってあらわれる、家相の吉凶作用。

このうち、項目の一番目については、すでに本章で述べました。生年月日から本命星を割り出して、そこから自分の先天運や性格の長所、短所を知るのです。そして、自分のパーソナリティーのよい部分、強い部分を伸ばし、悪い部分、弱い部分に気をつけることで、開運につなげようとする方法です。

項目の二番目以降は、本書でおいおい述べていきますが、まず、ここでは二番目について見ていきたいと思います。

気学は、主として九つの星の動きによって、この世のいろいろな現象について読み解いていきますが、わたしたちの毎年の運勢も、星の動きを追うことで知ることができます。

気学は周期性占術といわれるように、九星の規則的な動きによって成り立っています。一白水星から九紫火星までの九つの星は、毎年、九星盤上を規則的にめぐっており、九年を一周期として、くり返されていくことになります。その九年のなかには盛運の時もあれば、衰運の時もあり、こうしてわたしたちの運勢のリズム、波はつくられていくのです。

その運勢のリズムは、どの本命星の人にも平等にあらわれます。誰にでも、強い年回りと弱い年回りとがあるのです。そして、気学の考え方は衰運の波を消そうとするのではなく、盛衰の波形はそのままに、運勢全体をひきあげていこう、というものです。そのための祐気法であり、家相でもあります。

人は天の流れに従って行動する時、スムーズに歩んでいけます。衰運の時は大きな動きは控え、盛運の波がやってきた時こそ、世の中に大きく打って出るのです。

なお、九つの星はそれぞれ、九星盤上で年ごとに次の順序でめぐり、動いていきます。

坎宮（北）→坤宮（南西）→震宮（東）→巽宮（南東）→中宮（中央）→乾宮（北西）→

兌宮（西）↓艮宮（北東）↓離宮（南）↓坎宮（北）

89ページの図は、十年間の九星の動きを盛衰の波形としてあらわしたものです。

図では、低迷運の坎宮から始まって坤宮、震宮……と順次運気上昇、やがて中宮の頂点に至って、その後は乾宮、兌宮……と運気下降、再び低迷運の坎宮にもどっていくさまが示されています。もちろん、坎宮にもどった星は、翌年には坤宮に回り、運気は再び上昇期にはいっていきます。

わたしたちの運勢は、こうして盛衰の波形をくり返し描きながら流れていくのです。

つづく90ページの図は、本命星の回座宮による、その年の運勢の盛衰をあらわしたものです。たとえば、本命星が巽宮（南東）に回った年は「成就運」となり、◎印がつき、運勢がとてもよいことをあらわしています。

では、さっそく、あなたの一年ごとの運勢を見ていきましょう。

年運を知るための手順

1、まず、あなたの本命星を117ページの「本命星早見表」によって知ります。

2、次に、巻末の「九星循環表」で、あなたが運勢を知りたい年の中宮星が何星か探します。

3、さらに、巻末216〜217ページの「九星盤」のなかから、2で探し出した中宮星が中央にある九星盤を見つけます。

その九星盤上で、あなたの本命星が回った宮が、その年のあなたの運勢を知らせています。

〈例〉本命星が一白水星の人が平成三十年（二〇一八年）の運勢を知りたい場合

巻末の「九星循環表」を見ると、平成三十年は九紫火星の年です。次に、216〜217ページの「九星盤」で九紫火星が中宮になった盤を見ると、本命星の一白水星は乾宮に回っています。

本文「本命星が乾宮（北西）に回った年」の項を読んでください。

本文中についている印は、それぞれ次の意味です。

◎運勢はとてもよい
○運勢はよい
△運勢はやや低迷
▲運勢は低迷

10年間における運勢の盛衰曲線

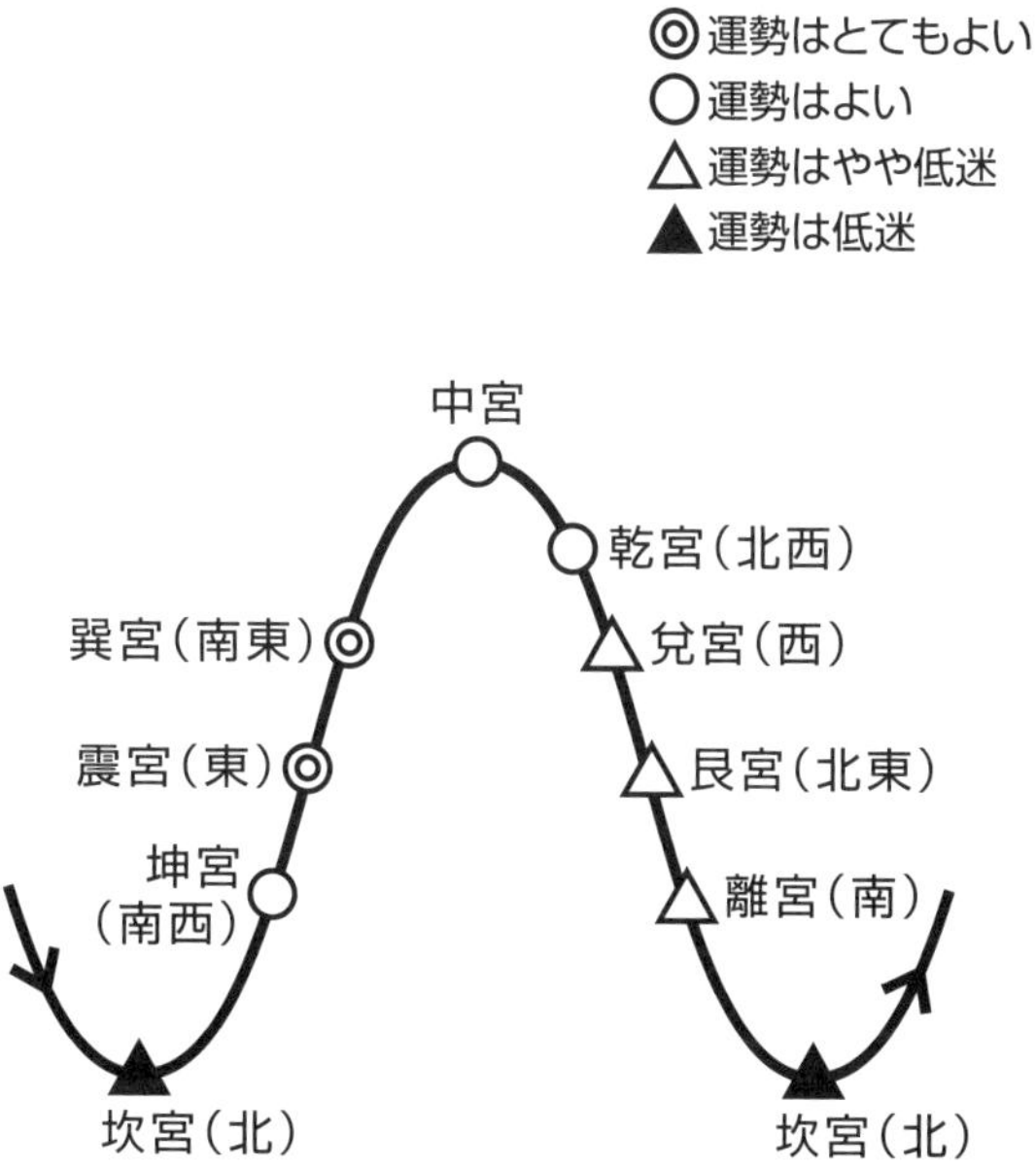

本命星回座宮があらわす年運の盛衰

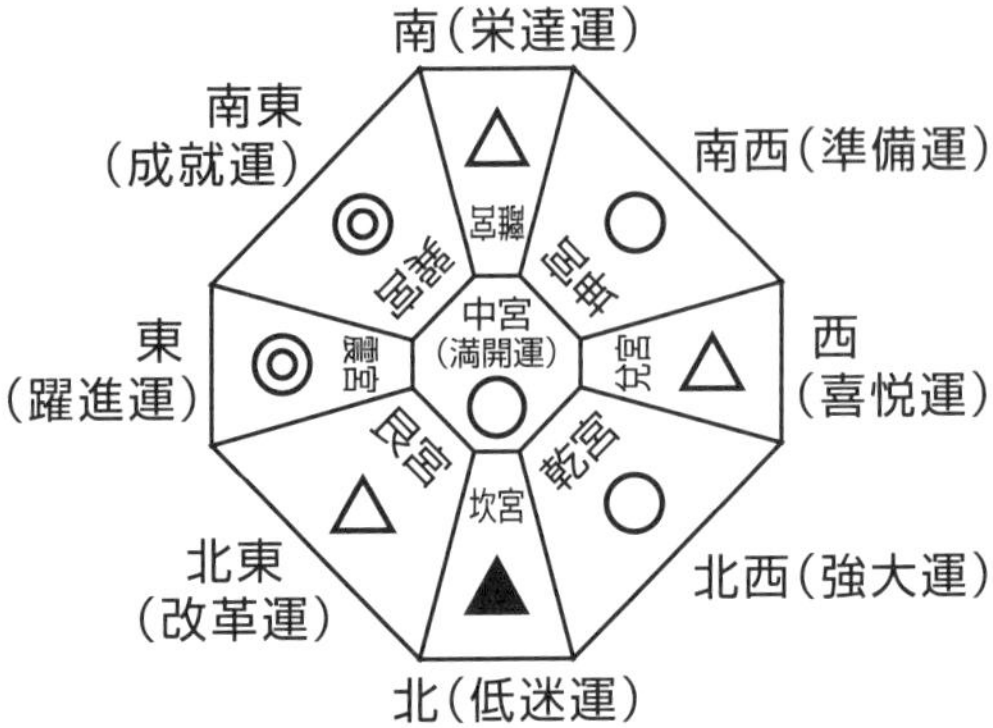

九星の回座順序

○　○　△　△　△　▲　○　◎　◎

中宮→乾宮→兌宮→艮宮→離宮→坎宮→坤宮→震宮→巽宮

本命星が坎宮（北）に回った年 ▲低迷運

あなたがいずれの本命星であっても、本命星が坎宮（北）に回った年は、ある意味「厄」にはいっている時です。運勢はどん底で、仕事、商売も好調とはいきません。部下や従業員のことで苦労が多いでしょう。でも、衰運の極みは盛運の始まり。そのように腹をくくってかかれば、意外に落ちついた、いい一年になるものです。特に、家の北に張りだしなどがあって、北が吉相の家に住んでいる人は、思いがけない幸運に恵まれることもあります。

この年は陰《かげ》、内輪の交際が活発になって、人脈が広がるところから、意外なチャンスや副収入といったことにも期待がもてます。人やものとの新しい出会いがあり、これは地味ながら将来有望。ただし、異性関係には要注意で、この年出会った異性は、あなたにふさわしい人ではありません。交際をつづけると、後々悩みのタネとなるでしょう。結婚相手としても、よくありません（以前から交際していた人と、この年に結婚するということは、特に悪いことではありません）。

さらに、あなた自身や家族の健康面にも不安があるので、無理はしないで体のケアには十分に気をつけることです。体を温めることと睡眠を十分にとることが、特にこの年の健康保持には大切なこととなります。

本命星が坤宮（南西）に回った年　○準備運

あなたがいずれの本命星であっても、本命星が坤宮（南西）に回った年は、ようやく暗闇から抜けだしたところです。幸運期の第一歩であり、あなた自身前向きになって、徐々にやる気がでてきているこ とでしょう。しかし、焦ってあまり野心的になってはいけません。今年は、まだ準期の年。何事も、しっかりと地に足をつけて、堅実にやっていくことが一番です。あなたの努力は、周囲の人たちにも認められ、来年以降に、大きく花開くはずです。

また、不動産や人と協同で行う仕事にはツキがあります。特に、家の南西に張りだしなどがあって、南西が吉相の家に住んでいる人は、不動産に関して強みを発揮します。

今年、理屈ばかり言って、自ら体を動かして働こうとしない人は、ようやくやってきた幸運期の波に乗ることができません。将来の大きな目標達成のため、現状に不満を言わず、小さな一歩を踏みだすことが大切です。

失業中の人は、就職の機会に恵まれる時です。あまり選り好みをせず、まずはやってみることです。どのような仕事でも、全霊をかたむけることでツキを呼びこむことができます。

健康面では、胃腸に負担がかかりやすいですから、暴飲暴食にはご用心。

本命星が震宮（東）に回った年　◎躍進運

あなたがいずれの本命星であっても、本命星が震宮（東）に回った年は、いよいよ大躍進の時です。本格的な幸運期がやってきました。これまで地道に努力してきたことの成果が一気に開花して、人生に新しい方向性も見えてくることでしょう。

一方、この年は今まで内密にしていたことも表沙汰になってしまう時ですから、人によっては思わぬ窮地に立たされる場面も出てきます。税金や異性問題で隠し事のある人は要注意です。それ以外の人は、思いきりよく前進して、実力が発揮できます。特に、家の東に張りだしなどがあって、東が吉相の家に住んでいる人は、さらに勢いにはずみがつきます。

この年は、ひっこみ思案にしていてはいけません。謙譲の美徳はほどほどにして、自分の考えや意見は、大勢の前でもどしどし発表すべきです。ただし、日ごろから口数の多い人、雄弁家はしゃべりすぎたり、押しつけがましくなったりして失敗することもありますから、ここは、周囲の状況をよく見ながら、万事、やり過ぎないように注意することも必要です。

また、この年に気をつけるべきこととして、過去の病気の再発、火災ということがあります。好調の波に乗りつつも、内外に細心の目配りを忘れないでください。

本命星が巽宮（南東）に回った年　◎成就運

あなたがいずれの本命星であっても、本命星が巽宮（南東）に回った年は、最高の幸運期に当たっています。昨年からの好調の波がいよいよひとつの形となって、成功の実体が見えてきます。あなたが勤め人だったら地位の昇進や栄転があり、自営業者だったら取り引き先が増えたり、収入が増したり、よい従業員に恵まれたりするでしょう。お稽古事の先生だったら、お弟子さんが増えます。

公私とも対人関係が活発になって、社会的信用が増し、交渉事、営業活動に強いツキを発揮します。また、この年はすべての「縁」が調《ととの》う時ですから、もちろん結婚のチャンスもあります。気楽なシングルライフを楽しんでいる人も、ここらあたりで腰を落ち着けたほうがよいかもしれません。病気やケガなどで、これまでなんとなく体調がよくなかった人も、次第に本調子になってきます。遠方も狙い目で、仕事を県外や海外に拡張したり、海外旅行をすると、思わぬ幸運にめぐり会うこともあります。

特に、家の南東に張りだしなどがあって、南東が吉相の家に住んでいる人には、人生を変えるような、よい転機が訪れる可能性もあります。

本命星が中宮（中央）に回った年　◯満開運

あなたがいずれの本命星であっても、本命星が中宮（中央）に回った年は、万事に落ち着きと用心深さとが必要になります。本命星が帝王の座にはいって、まさに運気は頂点。頂点に達したのですから、しばし静止。一般に「八方ふさがり」といわれる年回りに当たっています。

こんな時は、あれこれ新しいことに手を出したり、新機軸を打ち出したりはしないほうが無難です。とはいえ、やはり帝王の座ですから、当然、運気の強さもあります。自然体で、今までどおりのことを堂々と進めていけば、周囲の人たちは協力的になってくれるでしょう。自分の意見や考え方を広く発表するのにも、よい時です。

また、この年は吉凶両極端で、運のよい人と悪い人とに大きく分かれます。日ごろ凶方位を多用している人には悪い年になり、日ごろ吉方位を多用している人にはよい年になります。そして、この年、運のよい人は転居や転職など、人生上の大きな変化を伴うことをしてはなりません。来年以降は衰運期にはいっていくのですが、今年運のよい人は、静かにしていることで幸運を持続させることができます。一方、今年、運が悪いと感じた人は、転職などの積極策も悪くはありませんが、自ら大金を投下するようなことはしてはなりません。

本命星が乾宮（北西）に回った年　○強大運

あなたがいずれの本命星であっても、本命星が乾宮（北西）に回った年は、活動力旺盛な、エネルギッシュな年回りに当たっています。気力は十分、あなたは何か大きいことにチャレンジしてみたい、と思っているのではないでしょうか。勝負強さもありますから、実力以上のことができやすい時です。余暇にはスポーツなどを楽しんで、思いがけない好成績をあげることもあるでしょう。特に、家の北西に張りだしなどがあって、北西が吉相の家に住んでいる人は、その恩恵を受けることができます。

ただし、今年は実際には衰運期の始まりです。まだ、自分自身、実感はできないはずですが、この年の誕生日が過ぎたころから、運気はジワリとさがってきます。ですから、もし今年、何かまとまったことをするのでしたら、なるべく早目にしないと来年以降、手詰まり感に悩まされることになります。大金を投下して事業を拡張したり、新しい会を立ち上げたりする場合には、よほど慎重にしなければなりません。

また、この年はとかく気が大きくなって、横柄な口をきくところから争い事も多発。その他、交通事故、ギャンブルや投機にまつわる失態にも要注意です。

本命星が兌宮（西）に回った年　△喜悦運

あなたがいずれの本命星であっても、本命星が兌宮（西）に回った年は、ちょっと気がゆるむ時です。仕事、本業よりは遊びモードです。旅行、観劇、コンサートなどレジャーの予定は目白押し。その上、結婚披露宴や知人の祝賀会などの喜び事に列席する機会も増えるでしょう。若い人には、ワクワク感いっぱいの恋愛の気運も高まってきます。

けれども、こうして交際の輪が広がり、レジャーやデートが楽しめる反面、お金の逃げ足は速くなるので、財布のヒモは心して締めなければなりません。総じて、金運は出入りに波がありますが、遊んで使うのと同時に、しっかり儲けることも忘れないでほしいところです。スムーズな人間関係などを生かして、収入の道を広げることも可能です。特に、家の西に張りだしなどがあって、西が吉相の家に住んでいる人は、思いがけないお金がはいってくることもあります。

ただし、運気の流れからいえば、本命星が西に回ればいよいよ本格的な衰運期にはいりますから、人によっては疲れやすかったり、何となく気分がふさいだりもします。体力的には無理がきかない年回りです。特にお年寄りは、気力がなくなりやすい傾向にあります。無理のない程度に友人づきあいや趣味の世界を楽しむことがよいと思います。

本命星が艮宮（北東）に回った年　△改革運

あなたがいずれの本命星であっても、本命星が艮宮（北東）に回った年は、よくも悪くも変化の多い年回りに当たっています。昨年、本命星が西に回って、遊びすぎてしまったと感じている人は、特に何かやらなければ、と意欲的にもなっていることでしょう。この時期、あれこれと新しいプランを考えて、積極的に実行していくのはよいのですが、何事にもあまり大金を投下するのは得策ではありません。というのも、今年の変化運は成功するか失敗するか、その判断がむずかしいからです。

概して、これまで順調にやってきた人は、あまり欲を出さないほうがいいようです。逆に、これまであまりツキに恵まれなかった人は、変化の波に乗って意外なチャンスにめぐり会うものです。特に、家の北東がきちんとふさがれているなど、北東が凶相でない家に住んでいる人は、今年の変化をよいものとする可能性が高いといえます。

また、特に女性は結婚をしたくなる時で、これは悪いことではありません。

不動産や相続、身内に関する問題がもちあがることがあります。独断に走らず、専門家や信頼できる人に相談しながら、落ちついて対処してください。

本命星が離宮（南）に回った年　△栄達運

あなたがいずれの本命星であっても、本命星が離宮（南）に回った年は、隠されていたことが明白にあらわれてくる時です。ですから、今まで人知れずコツコツと努力していた人は、それが実って地位の昇進や栄転があったり、時には受賞などの名誉に輝き、広く世間の注目を集めることになるでしょう。特に、家の南に張りだしなどがあって、南が吉相の家に住んでいる人は有望です。

一方、今まで人知れず悪いことをしていた人は、本命星が東に回った時と同じように、それが表沙汰になってしまう時です。隠していた税金や異性問題が浮上しやすいのです。また、この時期は自分に非がなくても、文書、官公庁、学校などに関する災いが生じたり、訴訟事などに巻き込まれやすいので、十分に気をつけることです。

さらに、人によっては「離婚」や「転職」という考えが、頭をよぎるかもしれません。けれど、ここですぐにそのことを実行してはいけません。もう一度、頭を冷やして考えてみてください。運気の流れとしては、これから来年にかけて急降下するところ、離婚や離職をしても先々は厳しそうです。現状維持で、もうひとふんばりしてください。

九星象意キーワード一覧（注）

九星象意はその本命星の人の性格や職業をあらわしたものではなく、各種鑑定の際に判断材料として使うものです。

¶一白水星

†**水**　一滴の水が小川になり、大河になり、大海に注がれていく。この流れる作用が一白水星。小さいものから、末広がりに大きくなっていく。水の流れだから、動いて、移っていく。たとえば放浪癖の人は、一白のマイナス（凶）の状態。水に溺れる、という象意も。

†**始まり**　一白水星の座所は、季節でいえば十二月で冬至「一陽来復」の時、陰が終わって陽が始まる、最初の一歩。

†**交わり**　陰が終わって陽が始まるのだから、陰と陽の交わり（この陰陽の流れを律といい、陰から陽への流れを陽律、陽から陰への流れを陰律という）。人と人との交際。男女の交わり。一白の用い方次第で、よい交わりや悪い交わりが生じる。

†**陥る**　一白水星は「穴」の意もあり、その穴に陥った状態。万事に落ちた状態であるから、健康面では病気、経済面では貧困、食物ではまずい、となる。また、人が通常の状態より落ちている、沈みこんでいる、ということで「悩み」「考えこむ」という象意も。

†裏　ものの陰《かげ》。見えない部分。秘密。裏取り引き。表の顔に対して、裏の顔。縁の下の力持ち。本人も気づいていない潜伏している病気など。

〈雑象〉困難　隠れる　泣く　睡眠　不景気　文字を書く（ペンと紙が接し、交わる状態）

〈品物〉水気のあるものすべて　ペン　針　帯・紐など交わって役立つものすべて

〈人物〉中年の男性　陰の人物　知恵者　病人　盗人　服喪者　死者　流れ者　溺れる人

〈人体〉陰部　肛門　耳　鼻孔　腎臓　血液　リンパ液・涙・汗など体液すべて　皮膚

〈病気〉生殖器　排泄器など下半身の病気すべて　腎臓系の病気　ノイローゼ

〈職業〉飲食店・バー・スナックなど水商売　酒屋　クリーニング屋・風呂屋など水に関わる職業すべて　外交員　耳鼻科・皮膚科・産婦人科・泌尿器科医　夜警

〈食物〉酒類　ジュースなど飲料水すべて　塩　塩からいもの　漬け物

〈植物〉ひいらぎ・寒つばきなど冬の植物すべて　睡蓮・藻など水辺のものすべて

〈場所〉川　水に関係のある場所すべて　暗い場所　寒い場所　病院　地下室　ラブホテル

〈天候〉雨　雨雲　寒気　闇　月光　水害

¶二黒土星

†地　天に対する地（広い意味では地球）。大地であり、平らな土地であり、田、畑。大地は天の気をうけて、踏みつけられてももくもくと命（植物）を育てる存在。不動産の意も。

†従順　天（六白）に対して地（二黒）が従う姿。妻が夫に従う姿。職場では補佐役、女房役、参謀。「従順」がマイナス（凶）に出ると、ぐずついた状態、決断力の欠如となる。

†働く　大地は目立たないけれど、休みなく働き、草木を育《はぐく》んでいる。そこから、勤労、努力の意が生ずる。土星（二黒土星、五黄土星、八白土星）はすべて「欲」の意をもつが、二黒の欲は生きていくための正常な欲。努力するのもこの欲のためであり、勤労意欲など。

†古いもの　中古品、実用的な骨董品・古道具。人物では、おばあさん、古い（昔の）知人、戦友、もとの職場の人。土星（二黒、五黄、八白）はすべて「古い」という意をもつが、二黒は、実用的な中古品。

†大衆　数の多いもの。群衆。また、大衆的なものであり、六白の高級品に対して、安いもの。

〈雑象〉謙遜　倹約　寛容　静寂　虚無　迷う　バーゲンセール　生存欲　四角　黒　営業　育てる　しまう（蔵する）　家庭　忍耐

〈品物〉綿製品　エコノミックな衣料品　陶磁器　座ぶとん　机・碁盤など四角いもの

〈人物〉母　妻　女　老人　大衆　団体　助役　補佐役　貧乏人　迷い子

〈人体〉胃腸など消化器全般　脾臓　右手　腹膜
〈病気〉消化器の病気すべて　右手の障害
〈職業〉古物商　古本屋　産科医　胃腸科医　サラリーマン　農業に関わる職業すべて
不動産業　スーパーマーケット・飯屋など大衆相手の職業すべて　土木技師
〈食物〉芋類・たけのこなど土中のもの　砂糖　粉類　駄菓子　菓子パン
甘みのあるもの（土星に共通）
〈植物〉こけ類　きのこ類　わらび　せり　なずな
〈場所〉田畑　野原　あき地　平野　農村　墓地　古家　うす暗い場所
〈天候〉くもり空　おだやかな日　霧けむった日

¶三碧木星

†**雷**　雷は天地を揺るがす爆発的な陽の気。天地を揺るがすから振動。地震。また、稲妻の電気的作用から、そのまま連想して、電気に関わるものは三碧木星の基本的象意。

†**現れる**　三碧の座所は東であり、太陽は東から現れる。そこから「現れる」「昇る」「進む」という、勢いのある状態の意が生ずる。この星の用い方次第で、長年の地道な努力が花開いたり、旧悪がバレたり、という現象がおこる。

†音　雷鳴から「音」「声」の意が生じ、音楽、楽器、あるいは演説、騒々しい場所も三碧の象意となる。雷鳴は人々をびっくりさせるところから、「驚く」という意も。「声あって形なし」という音の特質から、実体のない「うわさ」や「うそ」も三碧の象意。この星の作用がマイナス（凶）に出れば、「オーバーな話」や「詐欺」となり、プラス（吉）に利用すれば「宣伝」となる。

†発展　三碧は季節でいえば春三月、木々の緑はまだ若芽であり、発展途上。元気で勢いがあり、伸びしろも十分。「発展」「発育」の象意どおり、この星を上手に用いると、東から昇る太陽のように、事業を発展させたり、才能を伸ばしていくことが可能。

〈雑象〉新しい　激しい　短気　怒る　歌う　雄弁　自家失火の火事　病気などの再発

〈品物〉楽器類すべて　聴診器　補聴器　電話　ボイスレコーダー　爆音　音のでるもの

〈人物〉長男　有名人　雄弁家　ミュージシャン　アナウンサー　騒々しい人　うそつき

〈人体〉咽喉　声帯　肝臓　手足（ひじから先の手、ひざから下の足）

〈病気〉のどの病気　肝臓病　足の障害　神経痛　ノイローゼ

〈職業〉音楽・楽器に関わる職業すべて　講演家　電気に関わる職業すべて　青果業
植木屋　すし屋

〈食物〉柑橘類　すし・酢の物など酸味のあるものすべて　木の芽　青色の野菜類

〈植物〉野菜　草木　三月に咲く花　青色と三月に関わる植物すべて
〈場所〉音楽会場　放送局　電話局　青果店　森など若い木々のはえている場所
〈天候〉晴天　雷　雷雨　地震

¶四緑木星

†**風**　風はあっちに吹いたり、こっちに吹いたり、行ったり来たりするところから、「往来」「道路」。風が運ぶものとして、よい評判や香り。そこからの連想で、通信、連絡、手紙。風を受けて飛ぶものとして飛行機や鳥。気学では、鳥はよい知らせを運んできてくれる、ラッキーのしるし。一方、風はどんなすき間にもはいりこむところから、「柔軟性」。四緑には二黒同様「従う」という意があるが、四緑は基本的に従業員が主（上司）に対して従う姿。素直さのある星だが、マイナス（凶）に働くと迷いやすく、「優柔不断」となる。

†**斉う**《ととの》　三碧の若い木や新芽が生長、繁茂、整っていく姿が四緑。この星はバランスよく完成されているところから、「信用」が生ずる。縁が斉うということで、結婚（特に見合い結婚）。整えることから、整理整頓。整頓好きの四緑生まれの人は、四緑木星のよい部分を多くもった、運のよい人。

†**取り引き**　四緑は商取り引きの星。商売、得意先、信用あっての営業活動の意も。この星

のマイナス面がでると、八方美人、計算高さとなる。

†**長い** 時間、距離、形、いずれも長いもの。時間超過、遅刻、寄り道。距離では遠方、外国、旅行など。髪の毛、帯、ひも、蛇も長いものとして四緑の属性とする。

〈雑象〉縁談 世話 人気 音信 郵便 交渉 迷い 温厚 精神的な喜び

〈品物〉建具類 材木 扇風機 糸など長いもの 線香など香りのよいもの

〈人物〉長女 仲介者 旅人 神出鬼没の人

〈人体〉腸 股 呼吸器 頭髪 左手 筋

〈病気〉かぜ 腸の病気 呼吸器の病気 脱毛症 わきが

〈職業〉建築業 材木業 建具商 運送業 貿易業 外交関係の仕事すべて 旅行代理店 ガイド セールスマン 美容師 そば屋

〈食物〉めん類・うなぎなど長いもの くん製品 パセリ・ハーブなど香りのよいもの

〈植物〉柳 松 杉 朝顔などつるの植物 ゆり・ばらなど香りのよいもの

〈場所〉取り引き所 道路 林野 空港 埠頭 改札口 税関 郵便局 トンネル

〈天候〉風

¶五黄土星

✝帝王　いわゆる「親分」の星。カリスマであり、独裁者ともなる。善にも悪にも強い。

✝腐敗土化　すべてのものを腐らせる土。五黄方位を用いると精神が腐り、怠け者になる。健康を害する。癌は五黄方位と関係が深い。一方、この星は「発酵作用」でもあるから、みそ、こうじなども五黄に分類される。

✝暴欲　暴力的な欲。ほしいとなったら、人のものでも奪ってしまうという状態。

✝古いもの　土星（二黒、五黄、八白）はすべて「古い」という意をもつが、なかでも五黄の古物は壊れたり腐ったりしていて、使用に堪えないもの。くず、廃棄物。あるいは、いわく因縁のある骨董品。不動産では係争物件、事故物件、未開地、不毛の地。

〈雑象〉殺気　滅亡　悪化　反逆　頽廃　猟奇　虚無　汚物　破損　破壊　死体　葬式
天変地異　じわじわと……という状態　荒涼　邪神邪教　黒魔術　妖術　怨霊

〈品物〉見切品　毒物　いわく因縁のある品物　盗品　麻薬・覚醒剤など　珍奇なもの
甘味のあるもの（土星に共通）

〈人物〉極悪人　支配人　浮浪者　カリスマ　祈祷師

〈人体〉消化器　脾臓

〈病気〉癌　肉腫　食中毒　薬物中毒

〈**職業**〉相場師　金融業　廃品回収業　香具師　家屋解体業　葬儀屋　密輸業者
〈**食物**〉粗末なもの　毒物　食べ残しのもの　珍奇なもの　発酵食品
〈**植物**〉毒草類　食虫植物など珍しいもの
〈**場所**〉建物の中央　荒野　戦場　焼け跡　廃墟　事件・事故現場　墓地　火葬場
心霊スポット
〈**天候**〉変化しやすい天気　天変地異　異常気象

¶六白金星

†天　地に対する天。天は「上」にあって、天地自然の万物を統べる最高の存在。すべて上位であり、権威あるもの。人間全体でいえば、権力をもった目上の人。会社では社長、一家では主人、物では高級品、一流品。天にあるものとして神仏、祖先。高位の僧侶、神官も。天は地を「おおう」ところから、テント、傘など、ものをおおう働きのあるものも六白に分類。

†施す　天、太陽が地上に光や熱を与えつづけている状態。天は休みなく活動して、その恵みを人々に与えているところから、「動いてやまず」「すこやか」という意も。二黒土星の地味な活動に対して、六白金星は目立つ活動。家長が家族に対して、いたわりや施しをす

る姿。

†大きく始める　六白の他、「一白」「八白」という「白」のつく星は、いずれも「始める」という意をもつ。一白は、行動の始め、最初の一歩。八白は、古きを捨てて新しきを始める、改革。それに対して、何事も大きな理想に向かって始めるのが六白。精神の始めであり、発明、創造など。この星の性質がマイナス（凶）に出ると、「大言壮語」「誇大妄想」となる。

†闘う　権力闘争。権力ある者は、従う者たちを守るため外敵と闘わなければならない。戦争、スポーツ、勝負事、投機の意も。

〈雑象〉活動　動く　充実　引き立て　勇猛　堅固　解決　妊娠　信仰　公明正大　政治　規則　包む　やりすぎ

〈品物〉乗り物　機械類　スポーツ用品　貴金属　神仏に関わるものすべて　高級品　帽子・手袋など体をおおうもの

〈人物〉父　夫　天皇　人望のある人　エリート　独裁者

〈人体〉頭部　首　顔面　肺　肋膜　骨

〈病気〉胸部疾患　頭痛　疲労　むくみ・高熱のでる病気　便秘　骨折などのケガ

〈職業〉公務員　大企業の社員　法律家　貴金属業　機械業　運動具店　スポーツ選手　果実店　宗教家　その他「大きい」「包む」「動く」「猛勇」の象意の職業すべて

〈食物〉高級品　果実など秋のもの　乾物類　まんじゅうなど丸いもの
包んだ菓子など　辛味のあるもの
〈植物〉果樹　秋に咲く花　薬草類
〈場所〉官庁　劇場　学校　スポーツセンター　競技場　高台　神社　寺院　名所旧跡
〈天候〉晴天　秋晴れ　寒気　ひょう　みぞれ　外にはる氷

¶七赤金星

†**沢**　沢とは止《とど》まっている水。海や大川ではなく、沼や池、たまり水。陶芸に用いる土をふくんだような水の意も。一白の厳しく冷たい流水に対する穏やかな水であり、ほとりには人々が集い、笑いさざめく。七赤金星の「悦び」の象意にも通ずる。

†**口**　易卦の象より「口」をあらわし、「微笑を浮かべた口もと」の意も。一白の口径の狭い穴に対して、口径の広い「くぼみ」の意をもち、「へこみ」「きず」「欠け」の意も生ずる。「えくぼ」も七赤の象意。また、口は飲食とおしゃべりにかかわり、悦びのもと。

†**悦び**　秋の収穫の悦び。収穫物は「お金」に換わり、金銭の悦びとなる。さらに飲食、恋愛の悦びとなり、祝い事全般の悦びをあらわす。

†**金銭**　流動的金銭をあらわし、蓄財につながるものではない。小金。小遣い銭。

†不足　易卦の「一爻不足《いっこうふそく》」から取られた象意。すべて「不足」した状態をあらわす。ものの足りなさ。七赤方位からものを買うと、凶方位でなくても数が足りなかったり、小さなキズやへこみがあったりする。

†刃物　七赤金星は五行の金性であり、易卦の象から「刃物」とみる。六白も五行の金性だが、こちらは山から掘りだされたままの粗金《あらがね》。金属の素材（陽の金）。それに対して七赤は、精錬加工された金属の製品（陰の金）。金のアクセサリー、インゴットなど。刃傷沙汰、外科手術の意も生ずる。

〈雑象〉よろこぶ（悦ぶ）　笑う　愛嬌　おしゃべり　弁舌　口論　巧言令色　飲食　美味
美食　パーティー　娯楽　遊蕩　誘惑　歓楽街　色情　欠陥
気持ちのゆるみ　なげく　そむく　傷つく　破損

〈品物〉金属製のものすべて　どんぶり（口径が広く、くぼんでいる）　数の足りないもの
壊れたもの

〈人物〉若い女　タレント　芸能人　水商売・接客業の人　営業マン　セールスマン

〈人体〉口　舌　歯　肺・呼吸器

〈病気〉肺・呼吸器疾患　口中の病気すべて　特に「手術」を伴う病気

〈職業〉タレント　水商売すべて　飲食業　金融業　銀行員　金属をあつかう職業すべて

講演家　歯医者　外科医
〈食物〉とり肉　鶏卵　酒類　甘酒　牛乳　コーヒー・紅茶などの飲み物
辛味のあるもの
〈植物〉秋に咲く草花　月見草　からし菜　沼沢地に茂る植物すべて
〈場所〉沼沢地　くぼ地　飲食店　パーティー会場
バー・スナックなど歓楽の場所すべて
〈天候〉小糠雨　星

¶八白土星

✝山　「動かざること山のごとし」という言葉どおり、「止《と》まる」の意をもつ。すべてが止まるのだから、はいってきたお金も止まり、たまっていく。だから、八白土星は「蓄財の星」。家相で、昔から鬼門（北東方位＝八白定位）の玄関がきらわれる理由は、止まるべき場所である鬼門が空いているということで、お金が出ていってしまうから。ただし、山はいつもは動かないものながら、天候の変化は多く、突然の噴火をおこすこともある。八白の「変化」という象意につながるゆえん。

✝継ぎ目　八白の定位である北東（艮＝丑寅）は、陰から陽への変わり目の場所。陰の終わりである丑の月（一月）から、陽の始まりである寅の月（二月）へと変化しながら、季節は流れていく。節分は陰の終わりであり、立春は陽の始まり。したがって、八白は物事の「継ぎ目」であり、「相続」「代替わり」の意をもつ。血のつながり（血脈）ということで、きょうだいや親戚という意も。継ぎ目は人体でいえば関節、背骨、腰となる。

†変化　陰から陽への変化。「変化改革」はいったん止まることから、新しいことが始まる。道の「曲がり角」も、いったん止まって別の方向へ行くところから、八白の象意。そこから、この星は「起死回生の星」ともいわれる。また、土星（二黒、五黄、八白）はすべて「古いもの」という意をもつが、八白は「再生品」。古いものから、新しいものへと作りなおされたもの、リフォーム、リノベーションされたもの。

†欲　強欲である。山は、その内部に金銀財宝を蓄えていて、古来、人間の欲望の対象となってきたもの。本来、鉱物を掘り出したり、山林を売買する人を山師というが、転じて投機的なことを好む人も山師といわれる。いずれも八白の象意。土星はすべて「欲」の意をもつが、八白の欲はつかみ取り、ためこむ欲。ケチ、がめつさ。

†財産　入ったものは、しっかりつかんで放さないから、財産がたまる。主として、不動産。蓄えるという意味で、人間の「記憶力」も八白の働きとする。

〈雑象〉中止　打開　復活　再起　スランプ　篤実　不動産　貯蓄　養子　友人・知人

歓迎　物事の始まりと終わり　物事のふし目　遅滞　迷う　開店　閉店　交換
引きつぎ　やりなおし　偏くつ　肥満

〈品物〉重箱など積み重ねたもの　積木　机・椅子・タンスのように継ぎ合わせたもの
ベスト

〈人物〉少年　太った人　蓄財家　頑固な人　登山家　山師　相続人　親戚

〈人体〉背　背骨　腰　関節　鼻　耳

〈病気〉関節の病気　腰痛　リューマチ　耳鼻科系の病気　こぶのできる病気　癌　肉腫
疲労による病気

〈職業〉不動産業　ホテル・ビル経営　金融業　土木・建築業　運輸業　製菓業
僧侶（山伏）　化学関係など「変化」の意をもつ職業

〈食物〉牛肉　芋・竹の子・ゆり根など土中のもの　ぜんまい・わらび・きのこなど山中
のもの　かまぼこ類　数の子など魚卵類　甘味のあるもの（土星に共通）

〈植物〉芋　竹の子　つくし　ぜんまい　きのこ

〈場所〉ホテル　家　門　倉庫　階段　丘　停車場　踏切　行き止まりの場所　神社仏閣

〈天候〉くもり空　雲　あらし　天候の変わり目

¶九紫火星

†火　火はあたりを照らして、すべてのものをはっきりと見せてくれる。「明らか」にするのである。そこから、白黒をはっきりさせる、「裁判」「警察」「官公庁」「文書」「学問」「各種鑑定（古美術品、運勢など）」という意が生ずる。一白水星の「じっくり考える、思索」という意に対して、「ひらめき」は九紫火星の属性。

†麗　九紫の定位は南（午）であり、一日にとれば正午前後の太陽が最も輝いている時。したがって「美しいもの」「華やかなもの」は、すべて九紫の象意とする。「美的センス」「芸術性」、また「派手になる」「化粧をする」「外見を飾る」も、この星。

†離合　「火」は独立してあるのではなく、ものについて存在する。易卦から「とりつく」という意が生ずる。いずれかにつけば、いずれかから離れたことになり、「ついたり、離れたり」という状態。「出会いと別れ」「生別」「死別」。

†表　一白がものの「裏」であるのに対して、九紫はものの「表」。一白は、外から見ると地味で目立たないが、「内容は濃い」のに対して、九紫は、表面は派手で目立つが「内容は薄い」の意も。さらに九紫のマイナス面（凶の部分）が強く出ると「見かけ倒し」となる。

〈雑象〉明るい　かわく　暑い　（類焼の）火事　美人　装飾　名誉名声　昇進　栄転
受賞　輝く　発見　頭脳明晰　芸術　文才　文書　書物　印鑑　紛争　立腹　露見

見破る　裁判　割る　裂ける　切断　うつろ　手術
〈品物〉手形・株券など書類すべて　照明器具　めがね　書画　アクセサリー　薬
〈人物〉中年の女　美人　明敏な人　華やかな人　有名人
〈人体〉目　心臓　頭部　顔面
〈病気〉眼病　心臓病　血圧異常　高熱のでる病気　のぼせ　やけど　精神異常
〈職業〉美容・ファッション関係の仕事すべて　画家　デザイナー　著述業
ジャーナリスト　タレント　裁判官　教師　各種鑑定家　眼科医
〈食物〉乾（干）物類　焼いたもの　色彩の美しいもの　苦味のあるもの
〈植物〉花はすべて九紫（特に夏の花、赤や鮮やかな色の花）紅葉　南天
〈場所〉交番　裁判所　図書館　美術館　博物館　学校　美容院　天文台
パーティー会場
〈天候〉晴天　暑い日　日中　太陽　虹　かんばつ

本命星早見表（平成29年現在）

あなたの生まれ年	あなたの本命星	あなたの生まれ年	あなたの本命星	あなたの生まれ年	あなたの本命星
昭和⑮	六白金星 辰	昭和 44	四緑木星 酉	平成 10	二黒土星 寅
16	五黄土星 巳	45	三碧木星 戌	11	一白水星 卯
17	四緑木星 午	46	二黒土星 亥	12	九紫火星 辰
⑱	三碧木星 未	㊼	一白水星 子	13	八白土星 巳
⑲	二黒土星 申	48	九紫火星 丑	14	七赤金星 午
20	一白水星 酉	49	八白土星 寅	15	六白金星 未
21	九紫火星 戌	50	七赤金星 卯	16	五黄土星 申
㉒	八白土星 亥	(51)	六白金星 辰	17	四緑木星 酉
㉓	七赤金星 子	52	五黄土星 巳	18	三碧木星 戌
24	六白金星 丑	53	四緑木星 午	19	二黒土星 亥
25	五黄土星 寅	54	三碧木星 未	20	一白水星 子
㉖	四緑木星 卯	(55)	二黒土星 申	21	九紫火星 丑
㉗	三碧木星 辰	56	一白水星 酉	22	八白土星 寅
28	二黒土星 巳	57	九紫火星 戌	23	七赤金星 卯
29	一白水星 午	58	八白土星 亥	24	六白金星 辰
30	九紫火星 未	(59)	七赤金星 子	25	五黄土星 巳
㉛	八白土星 申	60	六白金星 丑	26	四緑木星 午
32	七赤金星 酉	61	五黄土星 寅	27	三碧木星 未
33	六白金星 戌	62	四緑木星 卯	28	二黒土星 申
34	五黄土星 亥	63	三碧木星 辰	29	一白水星 酉
㉟	四緑木星 子	平成 1	二黒土星 巳	30	九紫火星 戌
36	三碧木星 丑	2	一白水星 午	31	八白土星 亥
37	二黒土星 寅	3	九紫火星 未	32	七赤金星 子
38	一白水星 卯	4	八白土星 申	33	六白金星 丑
㊴	九紫火星 辰	5	七赤金星 酉	34	五黄土星 寅
40	八白土星 巳	6	六白金星 戌	35	四緑木星 卯
41	七赤金星 午	7	五黄土星 亥	36	三碧木星 辰
42	六白金星 未	8	四緑木星 子	37	二黒土星 巳
㊸	五黄土星 申	9	三碧木星 丑	38	一白水星 午

節分（2月3日、○数字は2月4日）以前に生まれた人は前年の本命星になります。

三章――気学祐気法が明かす幸運の方位

祐気法で開運する

「移動」によってすべてのものは変化する

本章では、あなたが移転や旅行で動くことによってあらわれる方位の吉凶作用を応用した開運法――、すなわち祐気法について述べていきます。（「祐」とは、もとは「神の助け」の意）

人間は一人ひとり、生涯変わらない先天運をもっていますが、それに対して祐気法では、方位の使い方によって後天的に運をひらく方法を教えています。どの方向へ行けばどのような幸運がつかめるのか、また、どの方向へ行けば病気や事故といった災厄に見舞われてしまうのか、そのことを教えてくれるのが祐気法です。気学が「方位学」ともいわれるゆえんです。

それにしても、なぜ旅行や移転をすることによって、人の運勢が変わってしまうのでしょうか。もちろん、旅先や移転先はそれまで住んでいたところと状況、環境が違いますから、いろいろな変化がおこってくるのは当然としても、それだけではなく重要なことがあります。

それは、地球をとりまく波動の作用ということです。年、月、日といった時間的なへだたりでもその場の波動は大きく変化しますが、また、方向、距離といった空間的なへだたりでも、波動の働きは変化します。

たとえば今、あなたがある場所A地点から別の場所B地点へ移動したとします。すると、あなた自身がもつ波動も微妙に変化しているわけです。外から見たあなたの様子はまったく変わっていなくても、あなたのなかでは目に見えない微妙な変化が生じているのです。これに関連したことでは、室内で家具の配置を変えただけでも運気が変わる、などということもあります。

こうしたことを利用して、あらかじめ調べておいた吉方へ旅行や移転をするのが祐気法です。よい方向へ行った人は、天地自然のよい気を十分に受けて、運気は向上していきます。

九星の相生と相剋

祐気法では、九星盤（方位盤）のそれぞれの宮にめぐった九星から、吉方・凶方を割り出します。つまり、あなたの本命星にとって相性のよい星がめぐった宮（方位）が、あなたにとっての吉方位です。この見方は、年盤、月盤、日盤とも同様です。

では、自分の本命星にとって相性のよい星とは何か、見ていきましょう。

気学で使用する最も重要な星は、一白水星から九紫火星までの九つの星です。さらに、気学の基礎には陰陽五行説《いんようごぎょうせつ》があり、この五行説では、宇宙のすべてを木《もく》・火《か》・土《ど》・金《ごん》・水《すい》という五つの要素で説明しています。

ですから、気学の九星も次にあげるように、それぞれ五行のいずれかに属することになります。

一白水星……五行の「水性」に属する。
二黒土星・五黄土星・八白土星……五行の「土性」に属する。
三碧木星・四緑木星……五行の「木性」に属する。
六白金星・七赤金星……五行の「金性」に属する。
九紫火星……五行の「火性」に属する。

そして、これら木・火・土・金・水の五行には、「相生《そうじょう》」といって互いに助け合う相性のよい関係と、「相剋《そうこく》」といって互いに対立し、傷つけ合う相性の悪い関係とがあります。五行の相生と相剋は、次のような働きをします。

〈相生の関係〉
木生火（木は火を生みだす）→火生土（火は土を生みだす）→土生金（土は金を生みだす）
→金生水（金は水を生みだす）→水生木（水は木を生みだす）

〈相剋の関係〉
木剋土（木は土を剋する）↛土剋水（土は水を剋する）↛水剋火（水は火を剋する）↛
火剋金（火は金を剋する）↛金剋木（金は木を剋する）

この五行同士の関係を九星にあてはめて表にしたものが、次ページの「九星相生相剋表」です。

九星相生相剋表

九星＼吉凶	祐気			剋気	
	生気	和気	退気	死気（凶）	殺気（大凶）
一白水星	六白・七赤		三碧・四緑	九紫	二黒・五黄・八白
二黒土星	九紫	八白	六白・七赤	一白	三碧・四緑
三碧木星	一白	四緑	九紫	二黒・五黄・八白	六白・七赤
四緑木星	一白	三碧	九紫	二黒・五黄・八白	六白・七赤
五黄土星	九紫	二黒・八白	六白・七赤	一白	三碧・四緑
六白金星	二黒・八白	七赤	一白	三碧・四緑	九紫
七赤金星	二黒・八白	六白	一白	三碧・四緑	九紫
八白土星	九紫	二黒	六白・七赤	一白	三碧・四緑
九紫火星	三碧・四緑		二黒・八白	六白・七赤	一白

祐気というのは「助け合う気」という意味ですが、この祐気のなかにも生気・和気・退気とあって、吉の度合いは生気が一番強いのです。これに対して、剋気は「傷つけ合う気」という意味で、これには死気と殺気とがあり、殺気は大凶です。

祐気法を知り、実行するに当たっては、前ページの表をもとにして、方位の吉と凶を割り出します。たとえば、あなたの本命星が一白水星だとします。表を見ると、六白と七赤が生気となって、大吉であることがわかります。この場合、あなたは年盤（月盤・日盤）を見て、六白か七赤が回座した方位へ行けば、幸運に恵まれることになります。

七大凶殺方位

しかし、ここで注意しなければならないことがあります。それは、気学が定める凶方位が「九星相生相剋表」で知ることのできる剋気（死気・殺気）の凶方位だけではないということです。気学では、特に「七大凶殺方位」というものを定めていて、これは前述の相剋の凶意よりもずっと凶意の強いもので、たとえ九星の相生による吉方位に当たっていても、決して使ってはなりません。

方位盤を見たら、まず「七大凶殺方位」に要注意ですが、本書では巻末218〜235ページに本命星別吉方表をのせて吉方位を示してありますから、表にしたがって方位を決めればまちがいはありません。ただし、この表には破（歳破、月破、日破）の方位は示されていませんから、定位盤の十二支の方位をもとに割り出してください。

1　五黄殺《ごおうさつ》

九星盤（年盤、月盤、日盤）上で、五黄土星が回座した方位。本命星のいかんにかかわらず、万人共通の凶方位です。この方位に動くと（移転や大旅行など）、五黄土星の腐敗・破壊作用によって、自ら不幸や失敗を招くようなことになります

2　暗剣殺《あんけんさつ》

九星盤上で、五黄土星が回座している正反対の方位。たとえば、二〇一九年は八白土星の年です。八白中宮の九星盤を見ると、五黄土星は南西に回座しています。そこで、南西の正反対の北東が、二〇一九年の暗剣殺方位だということがわかります。この方位も、万人共通の凶方位です。

五黄殺が自動的に災難をひきおこすのに対して、暗剣殺は他動的な災難をつかさどります。この方位を用いると、暗闇で突如刃物を突きつけられたような、偶然性の強い不幸や失敗を招くことになります。

3　破《は》（歳破《さいは》、月破《げっぱ》、日破《にっぱ》）

九星盤上で、その年（月・日）の十二支の正反対の方位。たとえば、二〇一九年は亥の年

です。九星盤（定位盤）を見ると、亥は北西に位置しています。そこで、北西の正反対の南東が二〇一九年の歳破方位だということがわかります。月破、日破も、それぞれ月盤、日盤の十二支をもとにして、同様に割り出します。この方位も、万人共通の凶方位です。破は、すべてに破れをきたす作用をします。たとえば商取り引きや縁談が破談になったり、健康面に問題がでてきます。

4　本命殺《ほんめいさつ》

九星盤上で、自分の本命星が回座した方位。たとえば、本命星・一白水星の人の二〇一九年の本命殺方位は西です。なぜなら、この年の九星盤上では一白水星が西に回座しているからです。本命殺は、主に健康面に打撃を与える凶方位です。

5　本命的殺《ほんめいてきさつ》

九星盤上で、自分の本命星が回座した正反対の方位。たとえば、本命星・一白水星の人の二〇一九年の本命的殺方位は、本命殺方位（西）の正反対の東になります。本命的殺は、主に精神面に打撃を与える方位です。また、事故など他動的災難にあう凶方位でもあります。

6　定位対冲《じょういたいちゅう》

定位盤の位置の正反対に星が回座した時、その方位を定位対冲といいます。たとえば、定位盤上では一白水星は北にいます。ところが、六白金星が中宮に回座する年（月・日）は、この一白水星が北の正反対である南に回座します。この時、南は定位対冲の凶方位となります。ただし、定位対冲は凶方位とはいっても、悪いばかりではなく、用い方次第では起死回生の方位ともなります。吉凶ともに激しい作用のある方位といえます。

7 小児殺

満九歳以下の子供のみに作用する凶方位。生まれ星にかかわりなく、表のように定められています。たとえば、十二支の子や午の年には月盤上で八白土星の回座した方位が小児殺となります。なお、小児殺は月盤の方位にのみつきます。

小児殺方位	年	
八白	午	子
九紫	未	丑
二黒	申	寅
三碧	酉	卯
五黄	戌	辰
六白	亥	巳

※小児殺は月盤の作用なので、最長五年で作用は消失します。

確実な方位効果を得るために

祐気法とは、気学が示す吉方位を活用して運を開いていく方法ですが、ここで確実な方位効果を得るために守っていただきたいことをお話しします。

吉方位は移転はもちろん、旅行や買い物など、どんな場合でも使えば必ずよい結果が得られます。気学による方位効果というものは、遠くへ行けば行くほど、また長時間とどまればとどまるほど大きくあらわれてくるものです。距離的にも時間的にも、大きく移動することがよいわけです。

方位効果を十分に発揮させるためには、あなたが現在いる位置（住まい）から百キロメートル以上離れる必要があるといわれています。しかし、百キロ以内、たとえ一キロであっても、方位効果は確実にあらわれてきます。小さな外出でも、迷わず吉方位を使うようにしてください。その積み重ねが日々の小さなチャンスを生みだし、やがて大きな幸運へとつながっていくのです。

よい出会いを求めるなどの開運のためや、旅行を楽しくしたり、よい買い物をするために吉方位を使う場合、次のことを守ってください。

・日帰り外出や、小さな交渉事の場合は、日盤の吉方位を使う。

・五日以内の旅行や、仕事上のやや重要な交渉事の場合は、月盤と日盤両方が吉方位になる日を選ぶ。

・五日以上の旅行や移転、入院、開業、仕事でもその内容が何年にもわたって継続すると考えられる場合、人生上の大きな交渉事などの場合は、年盤と月盤両方の吉方位を選ぶ。特に、手術を要する病気で入院する場合には、日盤まで吉方位とする。

なお、方位を見る場合の中心は、ふつう自宅です。その人の活動の根拠地が中心となるわけです。ですから、私生活上のことではなく、特に仕事上の取り引き、交渉事などについて見たい時には、会社や事務所など、仕事場を中心とします。

また、方位を見るに当たっては、正確な地図を使って方位を決定する、ということも大切です。地図は書店や専門店などで、きちんとしたものを求めるようにしてください。

ただし、一般の地図は北を上にして作られていますが、気学の方位盤は北が下方にきていますから、方位盤の吉方表などと一般の地図とを引き合わせて見る場合には、特に注意をしてください。

吉方表を使っての旅行や移転の場合、諸般の都合でいったん他の方位へ回り道しなければならないこともあるでしょうが、これは、そこに長くとどまらなければ影響はありません。しかし、二、三泊の旅行の途中で他方位にとどまって一泊したりすると、方位による象意が変わってきます。なるべく、ぐずぐずせずに目的地に到着するよう心がけてください。

方位効果のあらわれる期間と時期

日盤で吉方位を用いた場合、その方位効果は用いてから六十日間つづきます。

月盤で吉方位を用いた場合、その方位効果は用いてから六十か月間（五年）つづきます。

年盤で吉方位を用いた場合、その方位効果は用いてから六十年間つづきます。

また、用いた方位の効果は、吉方、凶方によらず、次の時期に特に強く発現します。

・用いた九星が中宮に回座した年（月・日）。たとえば、年盤で一白水星を用いたのであれば、一白水星が中宮に回座した年に効果があらわれてきます。
・用いた方位の十二支の年（月・日）。たとえば、年盤で北（子の方位）を用いたのであれば、子の年に効果があらわれてきます。
・用いた方位に当人の本命星が回座した年（月・日）。たとえば、年盤で北を用いたのであれば、当人の本命星が北に回座した年に効果があらわれてきます。
（以上、月盤、日盤で方位を用いた場合には、それぞれ月盤、日盤上の星の動きで判断します）
・方位を用いた年をふくめて、四年目、七年目、十年目、十三年目。月盤、日盤で方位を用いた場合には、四か月目（四日目）、七か月目（七日目）、十か月目（十日目）、十三か月目（十三日目）に効果があらわれてきます。

実際に方位と星を使ってみる

では、各方位（各宮）に九星のそれぞれがめぐった場合の方位効果について見ていきましょう。これから述べる簡単な手順にしたがって、あなた自身で方位を使い、効果のほどを実感していただきたいと思います。

吉方位を知るための手順

1、巻末の「九星循環表（暦）」によって、用いたい年や月や日の中宮星を知ります。
2、巻末の「九星吉方表」の自分の本命星のページを見て、1で知った中宮星の盤を探し出します。これで、この年や月や日に使うべき吉方位と回座星とがわかります。

〈例〉本命星一白水星の人が二〇一九年に吉方位を用いたい場合

巻末の「九星循環表」を見ると、二〇一九年は八白土星・亥の年だということがわかります。

次に、「九星吉方表」のなかの一白水星のページを見て、八白土星が中宮に回座している盤を見つけます。すると、吉方位は南（離宮）に回座した三碧木星と、北（坎宮）に回座した四緑木星だということがわかります。この表では南東（巽宮）の七赤金星も吉方になっていますが、二〇一九年は亥の年なので、南東には「歳破」がつき、使うことができません。

これで、用いることのできる方位（宮）と星がわかりました。

本文、「離宮の三碧木星（南30°に回座した三碧木星を用いると）」、「坎宮の四緑木星（北30°に回座した四緑木星を用いると）」の箇所を読んでください。

月や日で吉方位を用いたい場合も、「九星循環表」から月や日の中宮星を知って、年の場合と同様の手順で目的の方位を見つけてください。

方位（宮）と九星（回座星）がもたらすツキの効果

乾宮（北西60°）――独立と成功運の宮

乾宮の一白水星（北西60°に回座した一白水星を用いると）

吉方位として用いた場合には、柔軟な社交性が培われて自然に交際が広がっていきます。そして、目上、有力者の引き立てを受けて出世のチャンスをつかむようになります。何か新しいことに着手することで、将来的には人生を大きく切り開いていくことができるでしょう。ただし、はじめから大きいことを狙ってもダメです。小さな一歩から、末広がりに伸びていくのです。運気に底力がついて、新しいことがひらけてくる方位ですから、いずれは独立自営の道を歩みたい、という人にはぜひ使ってほしい方位です。

乾宮の二黒土星（北西60°に回座した二黒土星を用いると）

吉方位として用いた場合には、勤労意欲がわいてきて、労を惜しまず働くようになります。その結果、実績があがり、上司や有力者の目にもとまるようになります。職場での地位も給料もあがるでしょう。いってみれば、労多くして実りも多い方位です。自分自身、グループのリーダーとなって、まわりの人たちの世話をするなど、なにかと多忙になります。プライベートでは、家庭生活が充実して、子供のほしい人には子宝に恵まれる、という暗示もあります。

乾宮の三碧木星（北西60°に回座した三碧木星を用いると）

吉方位として用いた場合には、やる気満々、活動力が旺盛になります。そして、新しい計画を立てたり、新製品を開発したりと、何か大きいことにチャレンジするようになります。お勤めの人は、目上、有力者に引き立てられて出世するでしょう。あるいは、女性であっても、独立をして自分で会社を起こしたりもします。

乾宮の四緑木星（北西60°に回座した四緑木星を用いると）

定位対冲の凶方位です。この方位を用いると、会社や組織から離れて独立したり、新しいことに着手するようになりますが、苦労が大きすぎます。また、株や投機にからんだ損失にも要注意です。ただ、経営などがどうにも行き詰まっていて、思いきって起死回生を狙うような場合には、吉方としての効果も期待できます。

乾宮の五黄土星（北西60°に回座した五黄土星＝使用不可）

五黄殺の凶方位ですから、いかなる場合も用いることはできません。仮にこの方位を用いたとしたら、自信過剰となり、尊大な態度をとるようになるので、仲間うちでは鼻つまみ者となり、上司や目上の人とは衝突するようになります。また、株や投機で大失敗をするという暗示もあります。交通事故にも要注意です。

乾宮の六白金星（北西60°に回座した六白金星を用いると）

吉方位として用いた場合には、有力者の引き立てを受けてチャンスをつかみます。気力も充実してくるので、ステップアップのための転職をしたり、独立して会社を起こしたりもします。株や投機にも、気持ちが動くでしょう。悪くありません。ただし、この方位を用いると万事大きいことを考えるようになるので、やり過ぎてしまう恐れもあります。投機は、無理のない範囲に止めることが賢明です。勝負事、スポーツにも強いツキを発揮します。

乾宮の七赤金星（北西60°に回座した七赤金星＝使用不可）

暗剣殺の凶方位ですから、いかなる場合も用いることはできません。仮にこの方位を用いたとしたら、思いがけない金銭トラブルや恋愛がらみの事件に巻き込まれることになります。

また、ケガや手術など刃物にからんだ災いという暗示もあります。

乾宮の八白土星（北西60°に回座した八白土星を用いると）

吉方位として用いた場合には、何事にも積極的に取り組むようになって、新しい計画を次つぎに打ち出して大きな成果をあげます。商売では収益があがり、学業では成績があがります。反面、ライバルとの競争は激しくなりますが、それがかえっていい刺激となります。また、公私とも環境に変化が生じて、かかえていた問題が解消されるでしょう。目上、有力者の引き立てで、思いがけないチャンスをつかむこともあります。不動産にもツキを発揮します。ただ、この方位はやまっ気のでる方位でもありますから、万事、身の丈に合った行動を心がけることです。

乾宮の九紫火星（北西60°に回座した九紫火星を用いると）

吉方位とした用いた場合には、思いつきやひらめきが効を奏して、大きな成功への足がかりをつかむことになります。特に学問、芸術関係の分野では実績をあげて、名誉名声を得ることでしょう。ただし、この方位は楽に結果を得られる方位ではありません。目上、有力者から引き立てられる反面、仲間との軋轢が生じるなど、人間関係の苦労もあります。しかし、華やかであり、勝負ごとにもツキがあり、チャレンジ精神旺盛な人にとっては、楽しみの多い吉方位といえます。

坎宮（北30°）――交際とセックス運の宮

坎宮の一白水星（北30°に回座した一白水星を用いると）

吉方位として用いた場合には、私的な交際が広がり、新しい出会いも多くなります。出会う人は地味目ですが、その人がいい人を紹介してくれるなど、次のステップへの橋渡しをしてくれることが多いものです。営業活動、商売は酒席でのつき合いなども効を奏して、地道に伸びていくでしょう。また、官能的な愛の経験、との暗示もあります。パートナー募集中の人にはおすすめの方位ですが、後からあらわれる人ほどよい傾向にあるので、あまり焦らないことです。

坎宮の二黒土星（北30°に回座した二黒土星を用いると）

吉方位として用いた場合には、粘り強く働くようになるので、即効性には欠けますが、着実にいい結果がでてきます。地道に努力して、堅実にステップアップしていきたい人には、とてもよい方位です。また、特に介護職など、目立たないところで人の役に立つような仕事には強いツキを発揮します。社会的立場の弱い人のためにつくすことで「母親星」の二黒土星の徳分が生かされ、それがまた自分にも戻ってくるのです。夫婦生活、家庭生活も円満となり、よい不動産にも縁がでてきます。

坎宮の三碧木星（北30°に回座した三碧木星を用いると）

吉方位として用いた場合には、活力ある交際が広がって、ひょんなことから公私にわたるチャンスにめぐり会うことがあります。新しいことに着手して、人生もよい方向に展開していくでしょう。ただし、この方位の効果は華々しく一朝一夕にあらわれてくるものではありません。コツコツと地道な努力をしながら、楽しみに待つ心の余裕も必要です。パートナー募集中の人、婚活中の人にも有望な方位です。想う異性には、元気よくアタックしてみることです。

坎宮の四緑木星（北30°に回座した四緑木星を用いると）

吉方位として用いた場合には、信用が増し、ガッチリと基礎が固まり、商売繁盛が約束されます。酒食の席でのプライベートなつき合いから、新しい交際も広がって、営業活動全般に活気がもたらされます。よい部下や雇い人に恵まれ、特に遠方から道が開けてくることが多いものです。万事、多少時間はかかりますが、物事の根っこが充実する方位ですから、将来が楽しみというものです。恋愛や結婚にも恵まれる方位です。見合いや知人の紹介による出会いにもいいものがありそうです。

坎宮の五黄土星（北30°に回座した五黄土星＝使用不可）

五黄殺の凶方位ですから、いかなる場合も用いることはできません。仮にこの方位を用いたとしたら、男女間のトラブルに巻き込まれたり、悪い仲間とつき合うようになって、人生がとんでもない方向にいってしまいます。水難にも要注意です。

坎宮の六白金星（北30°に回座した六白金星＝使用不可）

暗剣殺の凶方位ですから、いかなる場合も用いることはできません。仮にこの方位を用いたとしたら、目上の人との関係が悪化して、職を追われるようなことにもなりかねません。また、投機、ギャンブルにのめり込んで大失敗をしたり、突然の事故に巻き込まれたりもしやすくなります。交通事故にも要注意です。

坎宮の七赤金星（北30°に回座した七赤金星を用いると）

吉方位として用いた場合には、どのような環境にも上手にとけこんで、交際を広げていくことができるようになります。その結果、仕事の成績もあがり、金運もついてきます。また、憎めないキャラが自然に養われるので、タレントや、飲食店など接客業の人には、特によい方位といえます。お金がはいってきたら、しっかりと計画を立てて少しずつでも貯蓄をすることです。心がけ次第では、地道にお金を増やしていくことができます。また、レジャーの場面でいい人に出会ったり、それが結婚にまで発展したりと、ロマンスにも縁があります。

坎宮の八白土星（北30°に回座した八白土星を用いると）

吉方位として用いた場合には、地味ではありますが新境地が開けてきます。新しい交際や新規の取り引きといった変化が生じてくるので、チャンスを逃さず、上手につかむことが大切です。不動産や相続ということにも縁があるでしょう。ただ、この方位は生じてきた新しいことに取り組まなければならないので、それなりの苦労はあります。そして、実りも大きいのです。また、不思議に蓄財心が芽生えてくるので、無駄遣いの多い人には特によいかもしれません。

坎宮の九紫火星（北30°に回座した九紫火星を用いると）

定位対冲の凶方位です。吉方位として使えないことはありませんが、対人トラブルが生じるなど、苦労の多い方位です。公私とも、何か新しい方向性が見えてくるので、行き詰まっている人にはチャンスともなります。ただし、よい結果をつかみとるためには、地道な努力と忍耐が必要です。

艮宮（北東60°）――変化と不動産運の宮

艮宮の一白水星（北東60°に回座した一白水星を用いると）

吉方位として用いた場合には、公私とも新しいことが生じてくるので、そこに勝機を見つけることができます。対人関係にも変化があります。新しい出会いあり、復縁あり、絶縁あり、といった調子です。そうした人間関係のなかから、思わぬチャンスがやってくるでしょう。家族、親戚、友人なども力になってくれます。途中、方向転換をせまられるような場面に遭遇することが多いものですが、その都度柔軟に対応することです。

艮宮の二黒土星（北東60°に回座した二黒土星＝使用不可）

暗剣殺（と同時に定位対冲）の凶方位ですから、いかなる場合も用いることはできません。仮にこの方位を用いたとしたら、不動産や相続にからんだトラブル、特に親戚やきょうだい間での争い事が生じます。自分自身も強欲になる方位で、挙げ句の果てに財を失うようなことになってしまうのです。万事、悪い方向への変化がおこります。

艮宮の三碧木星（北東60°に回座した三碧木星を用いると）

吉方位として用いた場合には、公私にわたってよい意味での変化が生じてきます。勤めであれば転勤や異動、商売であれば得意先が変わるなど、いろいろな動きがあります。それにつれて昇給、増収があるでしょう。そして、生活全般にわたって活気がでてきます。新しい企画やアイディアで思いがけない仕事を始めたり、それまで知らなかった世界の人たちとの出会いもありそうです。よい後継者、相続人に恵まれたり、不動産にもツキがあります。

艮宮の四緑木星（北東60°に回座した四緑木星を用いると）

吉方位として用いた場合には、変化の気運が生じてくるので、その波に乗ることがカギとなります。思いきってチャンスをつかんで、努力の末に大成功を勝ち取る、といった方位です。商売をしている人は広く信用を得て、長上からの引き立てを受け、有利な取り引きが始まったり、新しい固定客がつきます。そして、そうした関係は遠方にまで広がり、長くつづくことになるでしょう。不動産関係にも、強いツキを発揮します。人間関係では悪縁が切れていき、ここでも出会いがあります。パートナー募集中の人にも、またとないチャンス。正式な結婚という形をとって、幸福な着地です。

艮宮の五黄土星（北東60°に回座した五黄土星＝使用不可）

五黄殺の凶方位ですから、いかなる場合も用いることはできません。仮にこの方位を用いたとしたら、自分自身しだいに強欲になって、ずるい考えをもつようになります。そして、悪い人間関係ができていくでしょう。不動産にからんだ大失敗や、身内とのいわゆる骨肉の争いなども暗示されます。

艮宮の六白金星（北東60°に回座した六白金星を用いると）

吉方位として用いた場合には、仕事上で大きな成功と財運が約束されます。お勤めの人は資産家や社長、その他有力な人たちの後押しがあり、昇進はもとより、独立するなど大きなチャンスをつかむことも多いものです。悪友との縁が切れ、人間関係が一新されます。また、よい後継者の出現という暗示もあります。こうして新しいことが始まってくるだけに、それなりに苦労もありますが、充実感のある力強い方位です。ただし、変化が大きく、大変忙しくなるので、年配の方の場合は疲れすぎないよう、気をつけなければなりません。

艮宮の七赤金星（北東60°に回座した七赤金星を用いると）

吉方位として用いた場合には、変化の気運に乗って新しいことに着手、それが大当たりします。ズバリ、お金に縁のある方位で、自然に蓄財心もでてくるので、収益は最終的には不動産の形で残っていくことが多いものです。交際上手にもなりますから、男女とも艶福家ということになるでしょう。特に女性の場合は、思いがけない出会いから玉の輿に乗ったり、資産家のパトロンがついたり、ということもあります。

艮宮の八白土星（北東60°に回座した八白土星を用いると）

吉方位として用いた場合には、運命的ともいえる大きな変化が訪れます。もちろん、よい方向に動いていきますが、変化に伴う苦労はありますから、起死回生の方位でもありますから、運勢が好調な人よりは、行き詰まっている人が使ったほうが、より旨味があるでしょう。自分自身、いい意味で欲が深くなってくるので、よく働き、財が蓄えられます。不動産にツキがあり、遺産相続や養子運との暗示もあります。

艮宮の九紫火星（北東60°に回座した九紫火星を用いると）

吉方位として用いた場合には、公私にわたってマンネリ状態から脱却して、新しいスタートを切ることになるでしょう。人間関係も悪縁が自然に切れて、いい縁だけが残ります。多少のいさかいがあったとしても、結果はよいのです。自信をもって、新しい目標達成に向かって進むことです。これまでの努力に応じて、受賞、入賞などがあり、名誉名声を得て、人生が華やいできます。特に学問、文学、芸術分野で生きている人にはよい方位です。不動産にも縁があり、華やかでありながら、財産も残っていきます。

震宮（東30°）——活力と発展運の宮

震宮の一白水星（東30°に回座した一白水星＝使用不可）

暗剣殺の凶方位ですから、いかなる場合も用いることはできません。仮にこの方位を用いたとしたら、火災や交通事故といった突発的な災難に巻き込まれることになります。また、勤めている会社や取り引き先の会社が倒産したり、詐欺にあったりと、思いもかけない不幸に見舞われます。

震宮の二黒土星（東30°に回座した二黒土星を用いると）

吉方位として用いた場合には、何事にもやる気がでてきて、率先して働くようになります。しかも、その結果が確実にあらわれて周囲に認められるので、生活全般が活況を呈してきます。勤め人であれば昇進、昇給があり、学生であれば成績が向上します。堅実に努力をする精神が養われるので、特に怠けグセを改善するのにもよい方位です。家庭生活はにぎやかなものとなり、よい不動産にも恵まれるようになります。

震宮の三碧木星（東30°に回座した三碧木星を用いると）

吉方位として用いた場合には、若々しい活力に恵まれて、万事積極的に押し進めていくことになります。その結果、仕事では地位の向上、栄転、開業、開店となり、学業では成績の向上となります。また、あらゆる場面で若い人が力になってくれたり、商売では若い人対象の流行の商品を扱うなどして、大当たりします。広告、音楽、電波メディアなどの分野でも強みを発揮します。いずれにしても、元気がでて雄弁になる方位ですから、今イチ覇気がない、という人にはぜひ使ってほしいと思います。ただ、この方位の特徴として万事に急ぎすぎる傾向があるので、内容の充実に気をつけながら、着実にコマを進めていくことにも気を配るべきでしょう。

震宮の四緑木星（東30°に回座した四緑木星を用いると）

吉方位として用いた場合には、人生に追い風が吹いて、気持ちよく前進していきます。よい評判がたって信用が増すことから、経営者であれば取り引きが遠方まで広がって、よい従業員に恵まれます。特に女性の従業員は優秀でしょう。また、嫌味のない社交性がでてくるので、新しい出会いも増え、婚活中の人にもチャンス到来。一方、隠れていた病気があらわれてくるという暗示もありますが、これは早期発見につながり、結果はよいものです。

震宮の五黄土星（東30°に回座した五黄土星＝使用不可）

五黄殺の凶方位ですから、いかなる場合も用いることはできません。仮にこの方位を用いたとしたら、すべてにやる気がなくなって活動力が鈍ってしまいます。商売であれば、楽をして儲けようとすることから、ずるいことをするようになるでしょう。また、詐欺師や山師のような怪しい人物と出会って、とんでもない事件に巻き込まれたりもしやすいものです。火災という暗示もあります。

震宮の六白金星（東30°に回座した六白金星を用いると）

吉方位として用いた場合には、度胸がついて、積極的で果敢な行動ができるようになります。そのため自然にリーダーシップが発揮されて、会社やグループのなかで頼りにされる存在となります。また、上司や有力者といった自分より地位の高い人との交流もさかんになって、大いに啓発されることとなります。仕事は、新しい計画にいいものがあり、力強く前進して満足のいく結果をだしていくでしょう。勤め人を独立自営へと導く方位でもあります。

震宮の七赤金星（東30°に回座した七赤金星を用いると）

定位対冲の凶方位です。この方位を用いると、公私とも新しいことが始まってきます。特に、食品関係、レジャー関係、若い女性対象の商売では、現金収入につながりやすいものです。ただし、この方位での収入は蓄財には至らず、なんらかの原因で散財してしまう可能性が濃厚です。自分自身が、デートやレジャーなどで浪費してしまうのかもしれません。また、口による災いという暗示もあります。

震宮の八白土星（東30°に回座した八白土星を用いると）

吉方位として用いた場合には、よい意味でびっくりするような大変化が訪れます。そして、新しいことが始まるのです。したがって、新しいことを軌道に乗せるまでには多少の苦労もありますが、収穫は大きいのです。特に、仕事が今イチうまくいっていないという人には、価値ある方位。脱サラ、転業、転職など、思いきった改革に強いツキがあります。人によっては離婚、再婚ということもあるでしょう。いずれにしても、やっかいな人間関係は自然に切れて、活力ある交友関係が広がっていきます。

震宮の九紫火星（東30°に回座した九紫火星を用いると）

吉方位として用いた場合には、知識欲が旺盛となって、万事に先を見通す目が養われます。その結果、時代を先取りするようなアイディアがどんどん生まれてきます。くわえて、行動力、実行力もでてくるので、仕事上では人の目をひくような企画を打ち出したり、珍しい新製品を世に送りだすことになります。また、宣伝、広告にも強みを発揮して、世間をアッといわせるような奇抜な手法で、なんらかの「ブーム」といわれる現象を生みだしたりもするでしょう。内容の充実というよりは、派手な名声の得られる方位です。

巽宮（南東60°）——信用と結婚運の宮

巽宮の一白水星（南東60°に回座した一白水星を用いると）

吉方位として用いた場合には、よい意味で人心掌握の術に長《た》けて、異業種の人との交流も深まり、多彩な交際が広がっていきます。その結果、営業活動、各種交渉事もスムーズに展開していくことになります。しかも、物事は小から大へと、末広がりによくなっていくのが特長です。努力に応じて信用が増し、商売であれば、地元から日本全国に、やがて海外にまで進出していくようになるでしょう。パートナー募集中、婚活中の人にも最適の方位です。相手の心をつかんで恋に落ちるのは早く、深いおつき合いの期間を経て、やがて結婚という形に落ち着くでしょう。

巽宮の二黒土星（南東60°に回座した二黒土星を用いると）

吉方位として用いた場合には、勤労精神が培われ、何事に対してもまじめに努力をするようになるので、信用が増して交際が広がっていきます。勤め人であれば、上司や有力者の引き立てを受けて昇進や栄転ということになります。営業活動は遠方が狙い目です。また、商売、取り引きも有利に展開しますが、特に大衆相手のもの、値頃感のあるものを扱って旨味があるでしょう。未婚の人は、まじめな交際から結婚にゴールイン、というチャンスがあります。ただし、あまりに高い理想を掲げていたのでは、せっかくのチャンスも実りません。また、怠け者や勉強嫌いの学生を更正させる方位でもあります。

巽宮の三碧木星（南東60°に回座した三碧木星＝使用不可）

暗剣殺の凶方位ですから、いかなる場合も用いることはできません。仮にこの方位を用いたとしたら、突発的な事故や事件により、営業停止に追いこまれたり、職を失うようなことになるでしょう。多くの場合、たとえば遠くの支店の不祥事など、災難は遠方からやってきて、それが本体の根幹を揺るがすようなことになります。また、火災との暗示もあります。

巽宮の四緑木星（南東60°に回座した四緑木星を用いると）

吉方位として用いた場合には、良識が身につき社会性が養われるので、自然に世間の信用が増してきます。その結果、すべてにわたって長上からの引き立てを受け、大いに発展することになります。ズバリ、商売繁盛と良縁の方位です。営業活動、取り引き、交渉事などはスムーズに進み、勤め人であれば、昇進や栄転ということになるでしょう。縁談もまとまります。特に、遠方からもたらされた縁談が有望です。物心両面で満たされ、社会的信用も十分になる、ひじょうによい方位です。

巽宮の五黄土星（南東60°に回座した五黄土星＝使用不可）

五黄殺の凶方位ですから、いかなる場合も用いることはできません。仮にこの方位を用いたとしたら、悪い仲間との交際が始まり、やがて大きく信用を失墜させるようなことがおこります。また、自分自身、尊大な態度をとったりずるい考えをおこすようになって、次第にまともな人たちは離れていってしまうでしょう。悪い異性にだまされる、という暗示もあります。

巽宮の六白金星（南東60°に回座した六白金星を用いると）

定位対冲の凶方位です。この方位を用いると、営業活動が活発になったり、よさそうな縁談が生じてきますが、小さなつまずきが大失敗につながりやすいものです。ただ、人によっては大きい取り引きに恵まれたり、ギャンブルについたりもします。この方位を用いて、ツキまくるような時には反動も大きいですから、要注意です。

巽宮の七赤金星（南東60°に回座した七赤金星を用いると）

吉方位として用いた場合には、話し上手になって愛嬌も養われることから、人気者となり、よい評判が広まります。おかげで、営業成績はグンとあがるでしょう。それにつれて収益もあがります。営業活動によって、ストレートにお金が入る方位です。ただし、この方位での金銭は流動的な運転資金ともいうべきもので、上手に扱うことが大切です。レジャー運とともに異性運もツイてきますから、恋愛や結婚の喜びもあるでしょう。婚活中の人は、ぜひ使いたい方位です。

巽宮の八白土星（南東60°に回座した八白土星を用いると）

吉方位として用いた場合には、変化の気運に乗って新しいことが始まってきます。転職や転業ということもあるし、仕事の内容の改革、方針の変更ということもあるでしょう。商売では、新規の顧客が増えたりもします。総じて信用が増し、よい評判が広がっていきますから、仕事は発展し、それにつれて収益もあがります。この方位を用いると、社会性が身につくと同時に、はいったものはガッチリ貯めよう、という意欲もわいてきます。不動産にも縁があります。婚活中の人には、あちこちから縁談がやってくるでしょう。

巽宮の九紫火星（南東60°に回座した九紫火星を用いると）

吉方位として用いた場合には、独創的な発想が生かされて、世間の耳目を集めるような仕事をするようになります。新しい商品を開発したり、センスのよいものを生みだしていくのです。ファッション、美容、アート系の分野には特に力を発揮し、さらに、そうしたものを広く大衆に伝達していくマスコミ関係にも強い方位です。公私とも交際の輪が広がり、生活には華やいだ雰囲気がもたらされます。よい縁談にも恵まれます。

離宮（南30°）——名声と頭脳運の宮

離宮の一白水星（南30°に回座した一白水星を用いると）

定位対冲の凶方位です。この方位を用いると目端がきくようになって、それが仕事に生かされることもあります。ただし、吉凶ともに作用は激しく、用いることのむずかしい方位です。異性関係にも気をつけなければなりません。離別との暗示もあります。

離宮の二黒土星（南30°に回座した二黒土星を用いると）

吉方位として用いた場合には、勤労意欲がわいてきて、何事にも努力をするようになります。くわえて、人の目をひくようなアイディアにも恵まれるので、どのような分野であっても、誠実で「いい仕事」をするようになります。その結果、周囲の人たちに認められて、地位も収益もあがるでしょう。楽をしてうまくいく、という方位ではありませんが、粒々辛苦の末には大きな実りがあるのです。これから伸びようという若い人が用いることが、特によいと思います。

離宮の三碧木星（南30°に回座した三碧木星を用いると）

吉方位として用いた場合には、斬新な思いつきや計画で、物事をどんどん進めていくようになります。体も気分も軽やかになって進取の気象に富んできますから、勤めでも自営でも、あるいは学生でも、目立った活躍ができます。やがて、それが名誉名声につながっていくでしょう。ぐずぐずして実行力のない人、覇気のない人には特に使ってほしい方位です。ただし、この方位はやや宣伝が過剰気味です。また、人でもものでも見栄え重視の傾向がでてくるので、内容の充実にも気を配る必要があります。

離宮の四緑木星（南30°に回座した四緑木星＝使用不可）

暗剣殺の凶方位ですから、いかなる場合も用いることはできません。仮にこの方位を用いたとしたら、信用に大きく傷がつくようなことが生じて、仕事、特に営業活動に支障をきたすことになります。また、警察、裁判など官公庁に関係する問題に巻き込まれたり、印鑑のまちがいにより、窮地に立たされたりもするでしょう。異性関係のトラブルという暗示もあります。

離宮の五黄土星（南30°に回座した五黄土星＝使用不可）

五黄殺の凶方位ですから、いかなる場合も用いることはできません。仮にこの方位を用いたとしたら、思惑外れで大失敗、ついには名誉名声を失うようなことになります。悪い仲間と関係ができ、良識ある人たちは去っていきます。不本意な離別があるでしょう。警察、裁判にからんだ事件に巻き込まれる、という暗示もあります。

離宮の六白金星（南30°に回座した六白金星を用いると）

吉方位として用いた場合には、先見の明にモノをいわせて、公私にわたって何か大きいことに挑戦するようになります。また、周囲には有力な人、なんらかのオーソリティーといわれる人がいるので、そうした人たちの引き立ても期待できます。商売や会社経営をしている人であれば、思いきったアイディアで新機軸を打ち出し、新しい道が開けてくるでしょう。ただし、万事やりすぎには要注意で、特に資金の扱いは慎重にすべきです。知識欲が旺盛になり、社会性も養われるので、勉強嫌い、学校嫌いの学生が用いて、大きな効果のある方位でもあります。

離宮の七赤金星（南30°に回座した七赤金星を用いると）

吉方位として用いた場合には、思いついたアイディアや企画を実行に移して、それが現金収入に結びつきます。飲食、ファッション、美容、あるいは若い女子対象の事業では、特に成長著しいでしょう。学者や芸術家が用いることもよく、売れっ子の先生やアーティストとして、マスコミに名を馳せることもありそうです。名声に恵まれる、華やかで派手な方位です。それだけに、収入は増大しても、出ていくほうも多いので気を引き締めなければなりません。美男美女との、映画のようなロマンスを経験するかもしれません。

離宮の八白土星（南30°に回座した八白土星を用いると）

吉方位として用いた場合には、思いきった改革をして成功をつかみとります。いいアイディアをどんどん思いつくようになるので、仕事の場面では、あの手この手と新機軸を繰り出して、最終的には名誉名声につながっていくでしょう。実力者、名門といわれるような人との出会いがあり、引き立てを受けます。学術、不動産に関する業績で財を成す暗示があります。学生が用いると、勉学に興味をもつようになり、記憶力もよくなるので、成績があがります。

離宮の九紫火星（南30°に回座した九紫火星を用いると）

吉方位として用いた場合には、頭脳明晰となって、物事の白黒をはっきりと見極める目をもつようになります。また、裁判や警察がからんだ問題に対しては有利に働きます。アイディアや美的センスにモノをいわせて、ファッション、ビジュアルアート系の分野の人は活躍ができるでしょう。美術品の鑑定業も、縁のある職業です。社会的に地位の高い人との交流が広がって、華やかな人生を歩むようになります。ただし、人生は名誉名声ばかりで幸せにはなれない、ということも忘れないでほしいところです。

坤宮（南西60°）――勤労意欲と家庭運の宮

坤宮の一白水星（南西60°に回座した一白水星を用いると）

吉方位として用いた場合には、まず、和やかな家庭生活に恵まれます。主婦が力を発揮し、子供に関する喜び事がふえるでしょう。また、昔の知人との再会があり、それが新しいチャンスにつながることがあります。自分自身、すべてに前向きに努力をするようになるので、仕事も着実に実績をあげていきます。商売をしている人であれば、固定客がついて、それが次第に広がっていきます。プライベートでも、まじめなよい仲間が増えていきます。若い人には、恋愛や結婚、あるいは子宝に恵まれる、という暗示もあります。ただ、この方位の現象は地味でゆるやかですから、功を焦ってはいけません。

坤宮の二黒土星（南西60°に回座した二黒土星を用いると）

吉方位として用いた場合には、向上心が養われ、勤労意欲が旺盛になるので、仕事や勉強に励むようになります。その結果、自然に営業や学業の成績が向上していきます。怠け者や勉強嫌いの子供に用いて、よい効果があります。蓄財心も強くなるので、特に浪費家には使ってほしい方位です。また、人に対して親切になり、めんどう見がよくなるので、仲間が集い、それが次のチャンスにもつながっていきます。安定した家庭生活という基本的暗示があり、よい不動産にも恵まれるでしょう。

坤宮の三碧木星（南西60°に回座した三碧木星を用いると）

吉方位として用いた場合には、何事に対しても意欲的になって進取の気象が養われます。堅実でありながら活力がでてきますから、今イチ覇気がないという人には、ぜひ使ってほしい方位です。仕事では積極的に新しい試みにチャレンジして、成果があがります。家庭内には最新のニュースや新商品に関する活発な会話がふえて、新鮮味のある日々となります。それと同時に、自然に蓄財心が強くなり、はいってきたものはしっかり蓄えるようになるので、やがては土地など、不動産をもつようになるでしょう。

坤宮の四緑木星（南西60°に回座した四緑木星を用いると）

吉方位として用いた場合には、柔軟な社交性が身について、交際が広がっていきます。同時に、まじめに努力をするようになるので社会的には信用が増し、よい評判が広がっていきます。仕事では特に営業活動、商取り引きに誠意ある手腕を発揮するでしょう。その結果、収入も増えて、自然に財が蓄えられていきます。年齢にかかわりなく、良縁に恵まれます。ただ、この方位は作用がゆるやかで、何事もやや時間がかかります。時には、待つことも必要。焦らず、じっくり取り組むことです。

坤宮の五黄土星（南西60°に回座した五黄土星＝使用不可）

五黄殺の凶方位ですから、いかなる場合も用いることはできません。仮にこの方位を用いたとしたら、家庭内にさまざまなトラブルがおこります。そして、堅実さや勤労意欲が失われ、労せずしてお金儲けをしようと考えるようになるでしょう。また、悪い遊びをするようになります。不動産に関する失敗や相続争いという暗示もあります。

坤宮の六白金星（南西60°に回座した六白金星を用いると）

吉方位として用いた場合には、高い理想に向かって積極的に働く意欲がでてきます。出会う人も、地位の高い人や有力者で、それらの人たちの引き立てを受けることができます。その結果、仕事も好転し、収入も増えていきます。一方で、人の世話で奔走するようなことも生じてくるので、公私とも大変多忙になります。勝負事、投機にも強いツキを発揮するでしょう。大きな目標を定めて、その達成に向かって一心に努力をしているうちに、いつしか地元の名士になっていた、というのがこの方位の作用です。

坤宮の七赤金星（南西60°に回座した七赤金星を用いると）

吉方位として用いた場合には、働く意欲が増して人生全般に対して積極的になるので、それに応じて順調に収入が増えていきます。その分、レジャーで消費するお金も増えていくのですが、交際も豊かに広がって、家庭生活もうるおいのあるものとなります。勤め人であれば、まじめに働く上に笑顔が多くなるので、人受けがよくなり、周囲の人たちから引き立てを受けるようになるでしょう。それにつれて、自然に地位も向上します。飲食業、接客業など、人と直接かかわりをもつ職種にもうってつけの方位です。パートナー募集中の人には、まじめな交際から恋愛に発展していくという好暗示があります。

坤宮の八白土星（南西60°に回座した八白土星＝使用不可）

暗剣殺（と同時に定位対冲）の凶方位ですから、いかなる場合も用いることはできません。仮にこの方位を用いたとしたら、家庭内や一族間でのトラブルがおこります。その多くは、相続にからんだものでしょう。この方位では、自分自身も不思議に強欲になり、争いは泥化しやすいものです。貯蓄、不動産の損失という暗示もあり、詐欺や盗難にも要注意です。

坤宮の九紫火星（南西60°に回座した九紫火星を用いると）

吉方位として用いた場合には、先見の明にすぐれて、仕事や人生全般の計画を上手に立てられるようになります。そのプランは時代のニーズに合っているため、仕事であれば広く世間に受け入れられ、収益が増すことになります。プライベートでは、自分の特技やセンスを生かして副業が繁盛する、ということもあります。株や投機、また不動産にもツキを発揮します。学生は学ぶことが好きになり、自分の才能や能力の方向性を発見、自覚するようになります。

兌宮（西30°）——金銭・恋愛運の宮

兌宮の一白水星（西30°に回座した一白水星を用いると）

吉方位として用いた場合には、飲食をともなったプライベートな交際が広がって、楽しみの多い日々となります。出会う人は、金銭的にも時間的にも余裕のある人が多いもので、そうした人たちとの交流のなかから、収入につながる思いがけないチャンスを得ることがあります。また、異性との出会いを求める人にもよい方位であり、レジャーや趣味の集まりの場などでは、大変モテるようになります。ただし、この方位はいってみればリタイアして豊かに暮らす、という意味合いが強いので、若い人でこれから一旗あげようという場合には、ちょっと物足りないかもしれません。しかし、小さな一歩が末広がりに大きく育っていくという象意もありますから、将来を見据えて何か小さな「しかけ」を作っておくと、先々が楽しみです。余裕をもって、なりゆきを見守りましょう。

兌宮の二黒土星（西30°に回座した二黒土星を用いると）

吉方位として用いた場合には、気分に余裕ができてきて、それでいてよく働くようになるので、自然に収入が増えていきます。安全、確実な増収です。特に大衆相手の職種や共同事業、一般勤め人にツキのある方位で、お小遣いにもゆとりが生まれるでしょう。不動産にも恵まれます。それにつれて、家庭生活は安定した、笑顔の多いものとなります。家庭にあっては女性（主婦、女の子、お婆さん）がカギとなって、喜びがもたらされます。よい意味で、女性が強い家になる、ともいえます。婚活中の人には、地道な結婚のチャンスです。

兌宮の三碧木星（西30°に回座した三碧木星を用いると）

定位対冲の凶方位です。この方位を用いると、万事に積極性がでて、冒険をしてみたくなります。仕事に新風を吹き込むようなことをして、うまくいく場合もありますが、とかく出すぎて失敗することが多いものです。もっと悪い場合には、信用していた人に裏切られたり詐欺にあったりするでしょう。また、恋愛関係のもつれや舌禍という暗示もあります。

兌宮の四緑木星（西30°に回座した四緑木星を用いると）

吉方位として用いた場合には、これまで滞っていたこともスムーズに動き始め、商売であれば遠方との取り引きが活発になります。やわらかな社交性にくわえて、愛嬌がでてくるので、職場の雰囲気も明るく楽しくなり、仕事がはかどります。特に営業関係では、駆け引き強さを発揮するでしょう。さらに、きちんとした仕事ぶりが評価されて信用が増し、長上の引き立てを受けるようになります。その結果、昇進や栄転があり、収入が増加します。また、人に口をきいたり仲介したことで臨時収入があるなど、なにかと現金収入が増えるでしょう。婚活中の人には、ビッグチャンス到来。デートは、飲食やレジャーなど多少お金はかかりますが、楽しいムード満点です。幸せな結婚に着地です。

兌宮の五黄土星（西30°に回座した五黄土星＝使用不可）

五黄殺の凶方位ですから、いかなる場合も用いることはできません。仮にこの方位を用いたとしたら、金銭がらみのトラブルに見舞われます。また、悪い仲間や悪い異性とかかわりをもつようになって、人生がとんでもない方向へいってしまいます。刃物の災いという暗示もあります。

兌宮の六白金星（西30°に回座した六白金星を用いると）

吉方位として用いた場合には、大きい理想に向かって、堂々と進んでいくようになります。しかも、地位や財産のある人に出会うので、それらの人たちの引き立てを受けて仕事は発展、やがては大きな財をつかむことになります。仕事での取り引き関係は、総じて大きい会社や一流の会社でしょう。一方、自分自身、人に頼られてめんどうを見るような場面が多くなります。自然にリーダーシップが発揮されて、いつの間にか集団の長といわれる人になるはずです。それとともに、財運も身についてくるのがこの方位です。

兌宮の七赤金星（西30°に回座した七赤金星を用いると）

吉方位として用いた場合には、ズバリ金運がついてきます。何より、よくしゃべるようになり、笑顔も多くなって、人を楽しませることが上手になるのです。こうして、人間関係がスムーズにいくことによって、営業活動も順調に運び、金運にも恵まれるのです。飲食業、接客業、娯楽産業などでは、特に強いツキを発揮します。また、趣味や特技を生かした副業による収入にも期待がもてます。それと同時に、自分自身、レジャーや恋愛を大いに楽しむことになります。どこへ行っても大変モテるようになって、異性から人生のチャンスを得ることもあるでしょう。

兌宮の八白土星（西30°に回座した八白土星を用いると）

吉方位として用いた場合には、よい意味で人生の転換期を迎えます。公私にわたっていろいろな変化がおこってくるので、否応《いやおう》もなく新機軸を打ち出すこととなり、それが結果的に蓄財につながっていきます。しっかりと貯めこむ精神が養われ、収入は、最終的には不動産として残っていくでしょう。身内との関係がよくなり、相続の問題もスムーズにいきます。飲食に恵まれる方位ですから、美食家が用いた場合には、体重増加を覚悟しなければなりません。

兌宮の九紫火星（西30°に回座した九紫火星＝使用不可）

暗剣殺の凶方位ですから、いかなる場合も用いることはできません。仮にこの方位を用いたとしたら、降ってわいたような災難によって、財産を失う羽目となります。そこには多く、文書、印鑑、保証問題などがかかわっているでしょう。あるいは、火災、警察がかかわるような事件に巻き込まれることもあります。

祐気法活用、次の一手

方位（宮）と星（回座星）が意味するもの

わたしたちが移転なり旅行なりで、どこかへ行く場合、必ず「方位」と「回座星」というふたつの要素を用いることになります。たとえば、「西の一白水星を使って、引っ越しをした」などという表現をよく使いますが、これは「西」という方位と「一白水星」という回座星のふたつの要素を用いたということです。

すると、この場合は、西の方位効果と一白水星の方位効果の両方があらわれてくることになります。

この星と方位の関係は、定位盤（65ページの図参照）を見ていただければ、すぐにわかります。定位盤の各方位には、それぞれ九星が配されていますが、その方位と九星の意味はほぼ同じと考えて結構です。たとえば、一白水星は北に配されているので、一白水星は北と同様の象意をもっている、ととらえます

同様に、二黒土星は南西に配されていますから、二黒土星と南西という方位は同じような働きをする、と見ます。以下、九紫火星まで同様の見方をします。

剋気の星をどのように考えるか

ところで、方位を用いる場合に、ひとつ問題がおこってきます。

たとえば、あなたが恋愛運をあげるために一白水星を用いたい、と考えたとします。ところが、もしあなたの本命星が一白水星であれば、それはあなたにとって本命殺の凶方位となりますから、絶対に用いることはできません。また、本命星が二黒土星、五黄土星、八白土星、九紫火星の人も、一白水星を祐気の星（吉の星）として使うことはできません。

このような場合は、一白水星のかわりに北の方位を用いるのです。北方位に、自分にとって祐気の星が回座した時に行動をおこす（移動する）のです。すると、一白水星を用いたと同様の効果が得られます。巻末の「九星吉方表」で、自分の本命星の箇所を見ていただければ、吉方に当たる時はすぐに見つけられます。

たとえば、本命星が一白水星の人であれば、北に吉となる星が回座している盤を探せばよいわけで、それは八白土星中宮の年・月・日（北に四緑木星が回座）、七赤金星中宮の年・月・日（北に三碧木星が回座）、二黒土星中宮の年・月・日（北に七赤金星が回座）となります。

ただし、「方位」と「回座星」の効果のあらわれ方には違いもあります。簡単にいってしまえば、初めに顕著に効果があらわれてくるのは「回座星」の作用によるものです。そして、長い目で見ると、結果として用いた「方位」の効果があらわれてきます。

そうしてみると、それぞれの本命星によって、用いることのできる星に制限があるというのも、ひとつの運命、宿命といえるのかもしれません。

また、本来の祐気取りの場合、一か月のうちに複数の吉方位へ行ってしまうと、効果は半減するといわれています。たとえば、ある月に東と西の吉方位があったとして、同じ月のうちに東と西の両方に行くことは好ましくない、ということです。同じ方位の吉方であれば、何回行ってもかまいません。

この星、この方位で目的は達成される

♡愛を引きよせる――

（一白水星もしくは北30°／四緑木星もしくは南東60°／七赤金星もしくは西30°）

一白水星もしくは北30°を用いる

一白水星（もしくは北）は、性愛の星（方位）です。無条件に恋に落ちてしまうのは、この星（方位）の作用です。昔から条件の悪い人（たとえばルックスがよくない、お金がない、婚期を過ぎている、バツ一、子連れである……など）は、この方位を用いるとよいといわれています。「あばたもえくぼ」で、恋に溺れてしまうからです。

一白水星を祐気の星として用いることができるのは、三碧木星、四緑木星、六白金星、七赤金星を本命星にもつ人です。その他の人は、北方位に自分にとって祐気の星がめぐった時を狙います。

四緑木星もしくは南東60°を用いる

四緑木星（もしくは南東）は、見合い結婚の星（方位）です。よい条件が整い、双方の釣り合いもとれたところでご縁が結ばれます。ある程度の駆け引きも働く星（方位）だけに、失敗は少ないといえるかもしれません。

四緑木星を祐気の星として用いることができるのは、一白水星、三碧木星、九紫火星を本命星にもつ人です。その他の人は、南東方位に自分にとって祐気の星がめぐった時を狙います。

七赤金星もしくは西30°を用いる

七赤金星（もしくは西）は、楽しく、ムード満点の恋愛の星（方位）です。楽しい反面、デートは飲食やレジャーに多少お金がかかります。が、それだけの価値はあるでしょう。また、思いがけない臨時収入もありそうですし。

七赤金星を祐気の星として用いることができるのは、一白水星、二黒土星、五黄土星、六白金星、八白土星を本命星にもつ人です。その他の人は、西方位に自分にとって祐気の星がめぐった時を狙います。

☆お金に好かれる――

（七赤金星もしくは西30°／六白金星もしくは北西60°／八白土星もしくは北東60°）

七赤金星もしくは西30°を用いる

七赤金星（もしくは西）は、ズバリお金の星（方位）です。ただし大金ではなく、仕事であれば、流動的な運転資金です。一般的には、お小遣いといったところです。しかし、お金とともに楽しいエネルギーもついてくるので、この星（方位）を上手に使えば人生を豊かにできるでしょう。

七赤金星を祐気の星として用いることができるのは、一白水星、二黒土星、五黄土星、六白金星、八白土星を本命星にもつ人です。その他の人は、西方位に自分にとって祐気の星がめぐった時を狙います。

六白金星もしくは北西60°を用いる

六白金星（もしくは北西）は、大金の星（方位）です。まとまったお金ですから、少なくとも事業を始めよう、などという時に必要となる程度のものです。将来、独立自営を目ざす人は、機会があるたびに用いるとよいでしょう。また、この星（方位）には勝負、投機との意味もあるので、そうした方面で思いがけないツキに恵まれることもあります。

六白金星を祐気の星として用いることができるのは、一白水星、二黒土星、五黄土星、七赤金星、八白土星を本命星にもつ人です。その他の人は、北西方位に自分にとって祐気の星がめぐった時を狙います。

八白土星もしくは北東60°を用いる

八白土星（もしくは北東）は、財をかき集め、蓄え、そして不動産を形成していく、たくましい星（方位）です。特に、ビル経営、建設業など不動産に関心のある人は用いたいところです。また、この星（方位）は蓄財心を促すので、浪費家の人が使うとよい意味で締まり屋になります。投機の世界で力を発揮することもあります。

八白土星を祐気の星として用いることができるのは、二黒土星、五黄土星、六白金星、七赤金星、九紫火星を本命星にもつ人です。その他の人は、北東方位に自分にとって祐気の星がめぐった時を狙います。

四章 —— 家相で開運する

家相学とはこんな占術

方位学と家相学は気学の両輪

この章では、家相による運勢判断と開運法について見ていきたいと思います。

気学の本質をよく伝える言葉に「吉凶、動より生ず」というものがあって、これは、わたしたちがいろいろな方向に動くことによって生じてくる禍福について、言いあらわしています。この理屈を応用して、よい気をもった方向に動いて開運をはかろう、というのが本書でもすでに述べてきた祐気法でした。

しかしながら、気学にはそれとはまた別に、大きな開運法があります。それが、家相による開運法です。

気学による本来の開運は、ひと言でいえば「よい方位に移転して、よい家相の家に住む」というものです。積極的に運を開かなければならない若い時代には、何度か吉方への転居をくり返し、その後よい家相の家を建ててそこに根をおろす、というのが気学開運法の基本のあり方です。

とはいっても、家相の応用にはかなりのむずかしさが伴うことも、また事実です。「このようにすればよい」ということはわかっていても、実際にそれを実行するとなると、困難であることが多いのです。

たとえば、長いあいだ住んでいた自宅を建て直す場合、古家はすぐには取り壊すことはできず、約一年間は空き家にしておかなければならないとか、家の転出入についても、家族の生まれ星によってよい時期が異なるので、別々に行わなければならない、などなどです。

また現代の、特に都心部周辺の住宅事情では、たいていの人は理想的な家など建てられない、というのも事実です。よい家相の家を建てるには少なくとも百坪の土地は必要だ、などということになっては、一部の人を除いてはとても無理だと感じます。

そこで本書では、比較的簡単に使うことのできる、家相を応用した開運法と運勢判断について述べてみたいと思います。

家相学は、方位学とともにあって、気学の両輪を成すものです。

家相は、人相、手相などと同じように「家の相」と考えていただければよいのですが、現代では、家相といわれてもピンとこないけれど、風水といわれるとなんとなくわかる、という人も多いようです。「家相とは風水のようなもの」という当世風の感覚は、当たらずといいえども遠からず、といったところでしょうか。

風水の考え方は中国において、西暦三〇〇年ごろにはすでに確立されていたといいます。それは、目には見えないエネルギーとしての「気」の流れを読み、墓や住宅をつくる際に、その地形や建物自体の吉凶を判断するものでした。

風水には「陰宅風水」と「陽宅風水」とがあり、陰宅とは墓、すなわち死者の住居をいい、陽宅とは生者の住宅をいいます。そして、日本へは西暦六〇二年、百済《くだら》から暦に関する書物がもたらされ、そこに風水の概念もあったといいます。その後、日本においては「陽宅風水」が長い歳月をかけて、日本の風土のなかで独自の「家相」として発展をとげていきました。江戸時代も末期になると、それまでは一子相伝であった家相学に関する書物もつくられるようになりました。

そうした日本の「家相」においては、平面図によって家の形や間取りを見ていくことが主体であり、基本的に「墓相」は見ません。「墓相」は、また別の分野になります。

また、家の西の方位に黄色のものを置くとよいなどという、現代日本のいわゆる風水で行われていることは、気学的立場から見れば一種の祐気取りともいえます。色彩がもつよいエネルギー（祐気）をいただくわけですから。

家の正確な平面図を準備する

家相も気学の一分野ですから、方位ということが基本になります。つまり、家屋の図面上で中心を決めて、そこから各方位を割り出して、判断していきます。

家相で用いる盤も、本書ですでに見てきた気学の「定位盤」と同じものです。

では、さっそく実際に家相を見るための手順にはいりましょう。

家相判断の手順

1、家（建物）の平面図を用意します。建築時の図面があれば、それを使用します。図面がない場合には、改めて方眼紙に描きます。
アパートやマンションに住んでいる場合は、自分が使っている占有部分が「自分の家」として、家相が影響してくる部分です。共有部分の通路などは、ふくまれません。
2、図面上で、家の中心（太極ともいう）を求めます。中心のとり方の基本は、家の全体を四角形にならして、そこにおいて対角線をひいて、中心を求めます。（183〜185ページの図参照）
3、図面上の中心点から、方位磁石を用いて北を見つけます。
図面を家と平行になるように置いて、図面上で見つけた中心点に磁石を置いて計測します。

その際、図面を家と平行に置くことがポイントで、図面を家の中心点に置く必要はありません。

4、方位磁石で得られた北は「磁北」ですから、これを「真北《しんぽく》」に修正します。気学では、「真北をもって北とする」ところから、この作業が必要となります。磁北は、真北より約7°西に傾いているため、7°東によせて（時計の針の動く方向にずらす）修正、真北を決定します。

その真北の位置から、定位盤と同様の分解で各方位を割りふりしていきます。これで、家相鑑定のための準備は終了です。

※建築時の図面を使用する場合も、北の印が磁北であれば真北に修正しなければならないので、印の北がどちらであるか、よく確認をする必要があります。

中心（太極）のとり方

欠け、張りなし

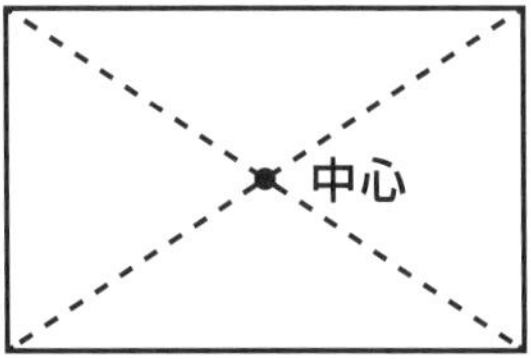

家全体を四角形にならして、対角線をひいて、中心点を求める。
「欠け」も「張り」もなく、短所も長所もないが、無難とはいえる。

張りのみ

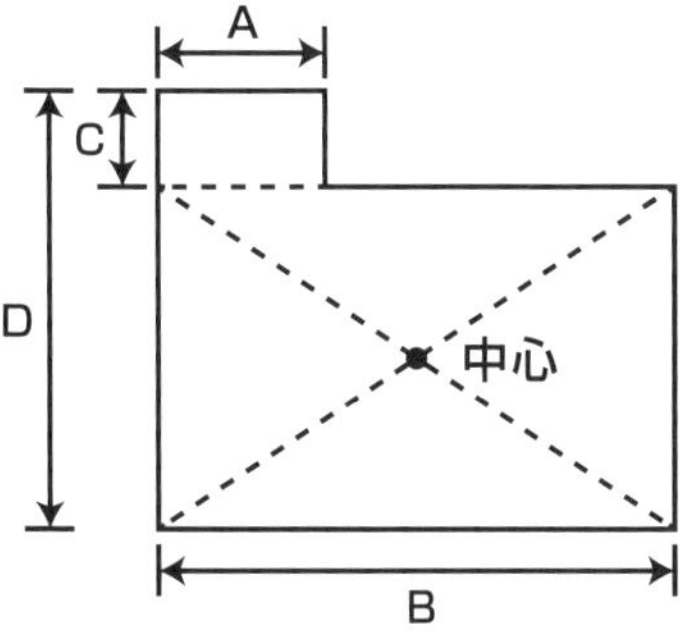

Aの長さは、Bの長さの3分の1以下。Cの長さは、Dの長さの3分の1以下。この場合、左上の張り出した部分は、「張り」のみの作用となる。
中心をとるための枠の外にでている部分が「張り」となり、吉作用をする。

欠けのみ

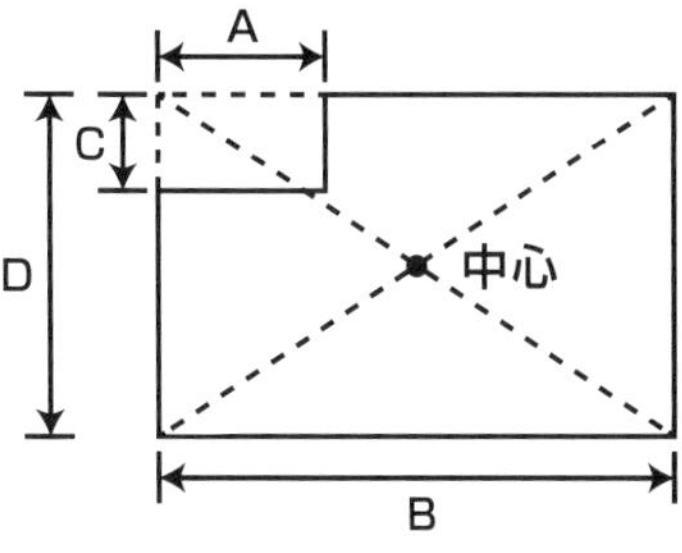

上図の考え方と同様。
Aの長さは、Bの長さの3分の1以下。Cの長さは、Dの長さの3分の1以下。この場合、左上の欠けこんだ部分は、「欠け」のみの作用となる。
中心をとるための枠の内側にはいっている部分は「欠け」となり、凶作用をする。

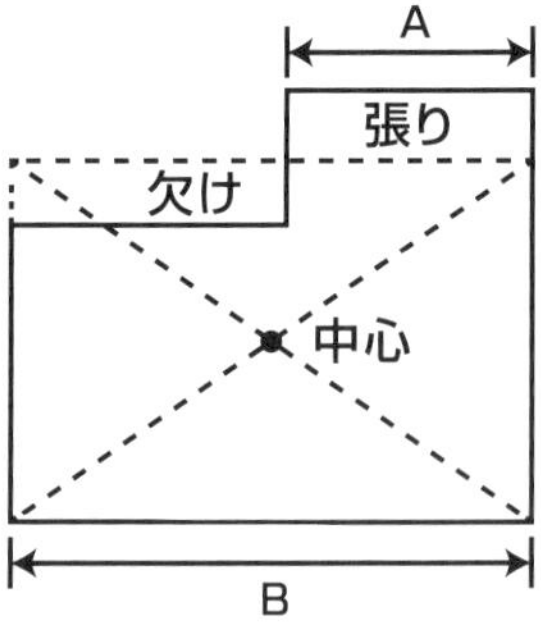

Aの長さは、Bの長さの3分の1以上あるので「欠け」を生ずる。
「張り」の部分は吉であるが、「欠け」の部分は凶である。
Aのでっぱりが Bの3分の1以上にわたった場合は、でっぱりの部分を欠けこんでいる部分にうめて四角形とし、そこから中心を求める。

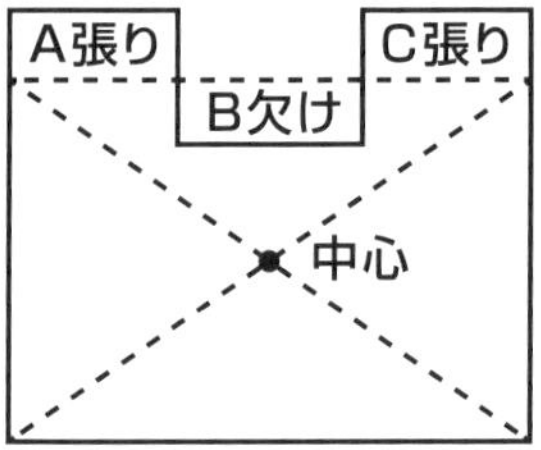

AとCのでっぱっている部分をたして、Bの部分にうめると考えて、四角形をつくり、そこから中心を求める。
「張り」と「欠け」が生じている。
※一辺の両側にある「張り」は小さなものでも必ず中央(Bの部分)に「欠け」を生ずる。「張り」は片側のみに設けるのが原則。

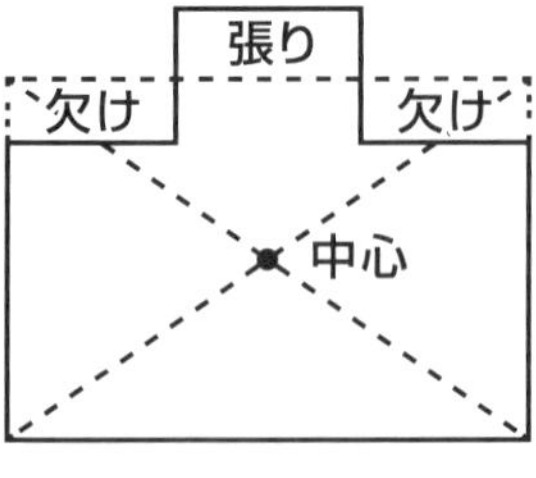

一辺の中央部に設ける「張り」は、左右に「欠け」を生じやすく、むずかしい。一辺の5分の1以下の「張り」を、辺の中央部に小さく設けるのが無難。

張りのみ

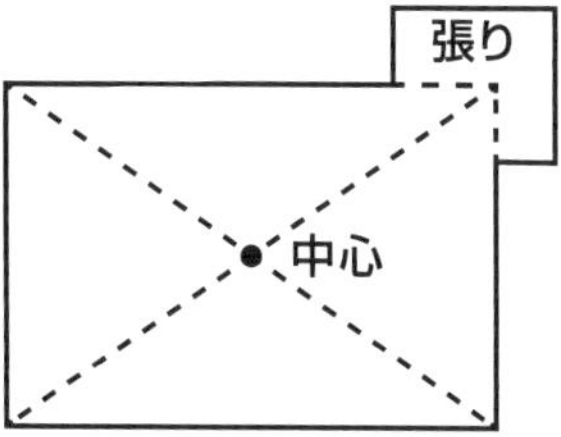

欠けのみ

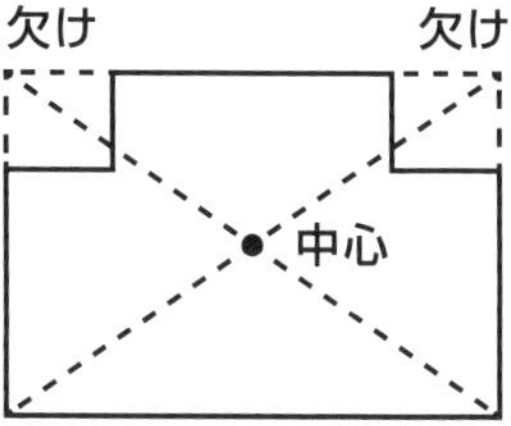

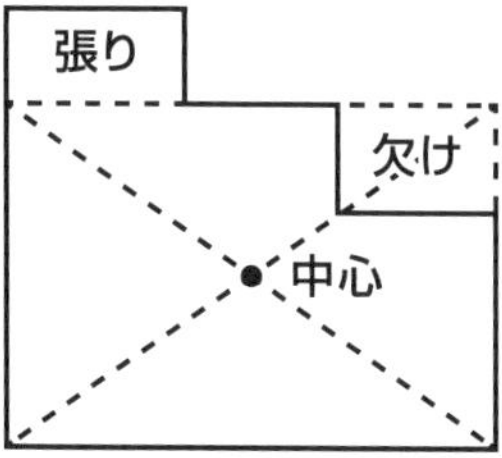

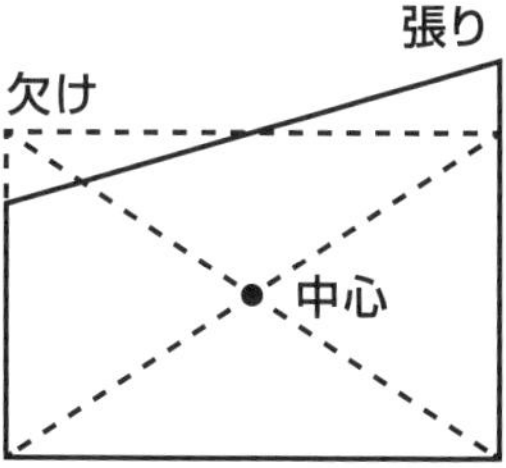

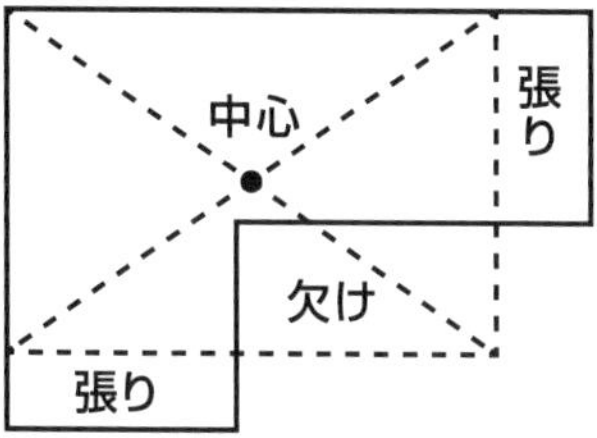

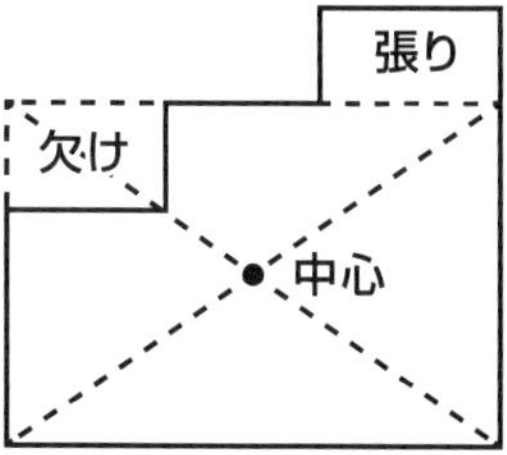

家相鑑定の基礎知識

家相に関する決まり事

ここからは家相の鑑定にはいりますが、鑑定に当たってはいくつもの決まり事があります。

その主なものをあげてみます。
・家相はまず、平面図で見た形、輪郭が大切である。
・長方形に近い家は無難。三角形など変形の家は凶（これは、土地の形も同様）。
・張り（家の中心をとるための枠取りの線の外側に出る部分）は、喜び、利益、健康などの吉作用をつかさどる。
・欠け（家の中心をとるための枠取りの線の内側にはいる部分）は、トラブル、損失、病気などの凶作用をつかさどる。
・吉相の家とは、欠けがないこと。そして、よい位置に張りがあること。張りとは、一軒の家について三箇所までを限度とする。
・開口部（玄関、廊下などに面した掃き出しの戸など）は凶とする。

・壁になって、ふさがれている部分は吉とする。
・家の中は平らであることが吉。土間（玄関など）になっていたり、段差があって低くなっている部分は凶とする。
・トイレ、風呂場、玄関はどこにあっても凶作用をするので、いかに問題の少ない場所に収めるかが大切である。
・池は一般住宅では、どこにあっても凶とする。水は病難、色難を暗示する。一方で、水は人を呼ぶところから、旅館や料亭などでは池を吉とする場合もある。
・家を作る場合は、住人のもつ星（九星、十二支）の場所を吉相にすることが重要。

家相の各方位があらわす意味

つぎに、家相の各方位があらわす意味について見ていきます。

北（子の方）……本命星一白水星、および子年生まれの人に特に作用するので、これらの星をもつ人は、特に北を吉相にする必要があります。
・部下、雇い人、家族の定位置としては次男
・人に対する思いやり、交際、色情、秘密

・物事の永続性、将来性、子孫繁栄、商売の場合は固定客
・凶の作用として泥棒
・病気は、一白水星象意の病気……腎臓、下の病気全般、皮膚病、糖尿病、血液に関する病気、すい臓、目（水晶体）、冷え症、うつる病気

北東（丑の方、寅の方）……本命星八白土星、および丑年生まれ、寅年生まれの人に特に作用するので、これらの星をもつ人は、特に北東を吉相にする必要があります。
・親族きょうだい関係、主婦の心身に作用する、家族の定位置としては三男以下
・不動産、貯蓄
・相続問題、後継者
・病気は、八白土星象意の病気……せきずい、腰、関節、耳鼻科系の病気

東（卯の方）……本命星三碧木星、および卯年生まれの人に特に作用するので、これらの星をもつ人は、特に東を吉相にする必要があります。
・男子の成長の状態、家族の定位置としては長男
・活力、企業や商売の発展性

・若い雇い人
・火の驚き
・声、弁舌
・病気は、三碧木星象意の病気……神経痛、肝臓、胆のう、声帯、リューマチ、ケガ、交通事故

南東（辰の方、巳の方）……本命星四緑木星、および辰年生まれ、巳年生まれの人に特に作用するので、これらの星をもつ人は、特に南東を吉相にする必要があります。
・家族の定位置としては長女
・部下、特に女性従業員
・営業、商売、信用
・縁談
・整ったもの、物事の仕上がり状態
・病気は、四緑木星象意の病気……腸、呼吸器、食道、髪

南（午の方）……本命星九紫火星、および午年生まれの人に特に作用するので、これらの

星をもつ人は、特に南を吉相にする必要があります。
・家族の定位置としては次女
・官公庁関係のでき事、裁判、訴訟事
・頭脳、先見の明
・名誉
・芸術、文学、美的センス
・病気は九紫火星象意の病気……心臓、脳、目、頭痛、首から上の病気、発熱、やけど、ノイローゼ

南西（未の方、申の方）……本命星二黒土星、および未年生まれ、申年生まれの人に特に作用するので、これらの星をもつ人は、特に南西を吉相にする必要があります。
・主婦に対して特に作用する、家族の定位置としては主婦
・勤労意欲
・営業（南東の営業より小規模）
・土地、不動産
・大衆的なもの、安いもの、古いもの

・病気は、二黒土星象意の病気……胃腸、右手

西（酉の方）……本命星七赤金星、および酉年生まれの人に特に作用するので、これらの星をもつ人は、特に西を吉相にする必要があります。

・女性に対して特に作用する、家族の定位置としては三女以下
・喜び事、遊び事、レジャー、恋愛
・金銭の出入り
・口
・病気は、七赤金星象意の病気……肺、歯をふくむ口中全般、ぜんそく、へんとう腺、ジフテリア、刃物によるケガ（剣難、手術の意も）

北西（戌の方、亥の方）……本命星六白金星、および戌年生まれ、亥年生まれの人に特に作用するので、これらの星をもつ人は、特に北西を吉相にする必要があります。

・主人に対して特に作用する、家族の定位置としては主人
・統率力、守りの力
・実行力、継続力

・慈悲心、信仰心
・病気は、六白金星象意の病気……脳、心臓、肺、血圧、肋膜、交通事故

中央……家の中央は家族全員に作用します。
・水回り（浴室、台所、トイレ）や火の気（コンロなど）は凶とする
・階段を凶とする
・中庭、吹き抜けを凶とする

家相鑑定の実際

家相による運のよし悪し

家相によって運勢を判断する場合、運の強い人とは、長く住んでいた家の相がよいということです。特に、自分の生まれ星（九星、十二支）の場所が吉相であることが重要で、全体としてはあまりよいとはいえない家相の家でも、自分の星の場所がよければ、その人の運は悪くないのです。ですから、同じ家に住んでいる家族であっても、星はそれぞれ違いますから、運勢にも強弱の違いがでてきます。

また、家相によって運のよし悪しを見る場合には、その人の成長期の家相の状態を重視します。つまり、生まれてから十八歳ぐらいまで住んだ家の相が、性格、運勢とも、その人の一生に影響をおよぼす、と見るのです。家相のことなど知らなくても、生まれ育った家がたまたま吉相であった人は、それだけ運の強い人だということです。

ところで、ここで気をつけなければならないことがあります。それは、家相をふくむ気学では、満十八歳ぐらいまでは月命星（生まれた月の九星や十二支）をもって運勢判断をする、ということです。ですから、十八歳以下の子供や若い人について運勢を調べる場合、あるいは年配の人でも、さかのぼって子供時代の運勢から調べていく場合には、月命星を知らなければなりません。

196ページの「月命星早見表」で、自分の生まれ月の九星と十二支とを見つけてください。たとえば、本命星が一白水星の人で四月生まれであれば、月命星は六白金星と十二支の辰となります。

自分の月命星がわかったら、生まれてから十八歳ぐらいまでをすごした家の図面を用意して、月命星方位（たとえば六白と辰が月命星だったら、家の北西と辰の方）の家相を見ます。その部分が張りになっているなど、吉相であれば、あなたは運の強い人といえます。ただし、成長期にあちこち移転をくり返した人の場合、今お話ししてきた家相判断は当てはまらない部分が多くなります。

実際の家相図を見て判断する

ではここで、ひとつの例として家相図をあげて、家相と運勢の関係について見ていきましょう。197ページの家相図を見てください。（注：家相図の場合は、一般住宅図に従い、本書でも北を上にして作図しています）。

まず全体の形を見ますが、この家は長方形に近く比較的無難な相といえます。さらに見ていくと、南東、特に辰《たつ》の方《かた》に張りがあり、北西、特に戌《いぬ》の方《かた》に欠けがあります。玄関ドア外のポーチ部分は、家とは見ません。南東（巽＝四緑木星の定位）が吉相であり、北西（乾＝六白金星の定位）が凶相の家です。

月命星早見表

生まれ月 ＼ 本命星	一白水星 四緑木星 七赤金星	三碧木星 六白金星 九紫火星	二黒土星 五黄土星 八白土星
2月・寅月（2/4～3/5）	八白土星	五黄土星	二黒土星
3月・卯月（3/6～4/4）	七赤金星	四緑木星	一白水星
4月・辰月（4/5～5/5）	六白金星	三碧木星	九紫火星
5月・巳月（5/6～6/5）	五黄土星	二黒土星	八白土星
6月・午月（6/6～7/6）	四緑木星	一白水星	七赤金星
7月・未月（7/7～8/7）	三碧木星	九紫火星	六白金星
8月・申月（8/8～9/7）	二黒土星	八白土星	五黄土星
9月・酉月（9/8～10/8）	一白水星	七赤金星	四緑木星
10月・戌月（10/9～11/7）	九紫火星	六白金星	三碧木星
11月・亥月（11/8～12/6）	八白土星	五黄土星	二黒土星
12月・子月（12/7～翌1/5）	七赤金星	四緑木星	一白水星
翌1月・丑月（1/6～2/3）	六白金星	三碧木星	九紫火星

※（　）内の数字は節入り日による区分です。たとえば２月生まれの人とは、２月４日から３月５日までに生まれた人が該当します。
※各月の節入り日は毎年、若干のずれがあるので、節がわり前後に生まれた人は「萬年暦」などで正確な節入り日を確認することをおすすめします。

家相図

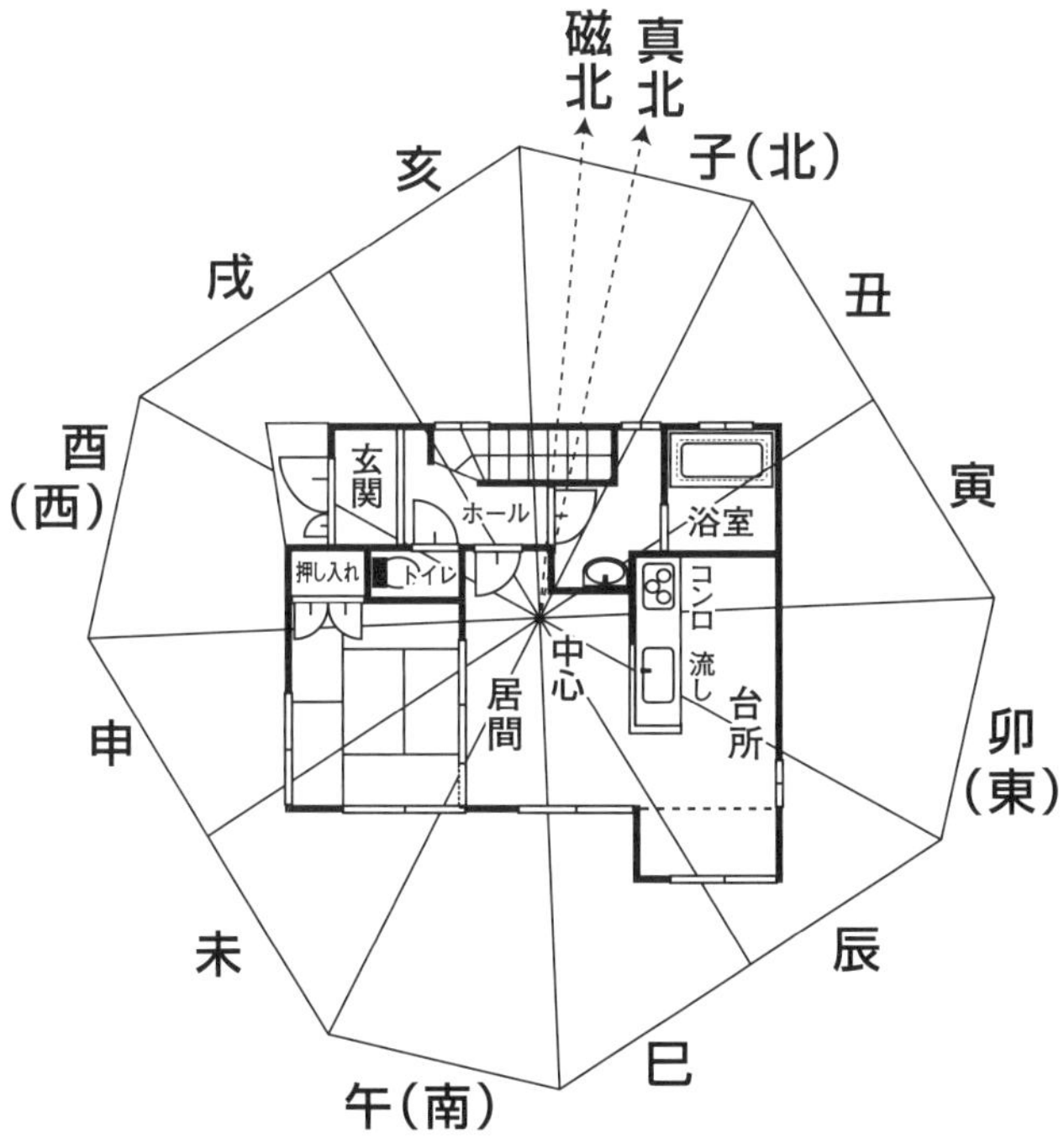

注：家相図は北を上にして作図しています。

つまり、この家では本命星（十八歳以下であれば月命星）に四緑木星、あるいは十二支の辰、巳をもつ人が「運の強い人」となります。逆に、本命星（月命星）に六白金星、あるいは十二支の戌、亥をもつ人は「運の弱い人」となります。

仮に、この家に次のような星をもった二人の子供が生まれて、少なくとも十八歳ぐらいまでを、この家で過ごすとしましょう。

長女　平成二十七年三月十日生まれ　月命星＝四緑木星　卯
長男　平成三十年十月十日生まれ　月命星＝六白金星　戌

長女は、この家の長所である南東の定位の星・四緑木星が月命星ですから、運のよい子供となります。十二支は卯ですから、こちらも卯の方（東）は張りはありませんが、壁になっていて無難です。さらに、南東はもともと長女の定位ですから、そこが吉相だということは、それだけ有利です。

一方、長男は月命星が六白金星で、この家の短所である北西の定位の星をもつために、運のあまりよくない子供になります。十二支も戌であり、こちらも同じ短所の場所です。

長女は優秀で健康に育ち、友人との交遊も広いでしょう。良縁にも恵まれるはずです。長男はいってみれば要領が悪く、ちょいちょいケガをするなど、健康面でも不安があります。とはいえ、個人の運勢にも、家相のすべての部分が影響してきます。例にあげたこの家は、南東（巽）に張りがあって、その部分は吉相であり、全体に無難な家相なので、家族全員にその作用がおよびます。この家に住む人たちは、総じて社交的で常識家であり、信用を重んじる家風をつくりだすでしょう。

家を十二支にわけて全体像を見る

家相を見る場合には、十二支にわけて見ていくとわかりやすいと思います。同じ197ページの家を例として、子の方（北）から見ていきます。

子　欠けはありませんが、階段です。階段は欠けと同じような作用をする、弱い部分です。しかし、ほとんどが壁でふさがれているので、北の凶象意である泥棒に入られるようなことはないでしょう。

丑　浴室です。相続、家庭内トラブルとの暗示があります。健康面では、腰や関節に要注意となります。

寅　浴室と台所の一部です。浴室ではあっても水をためる風呂桶はかからず、台所はコン口がありますが、火を使う場所としては無難です。

卯 壁でしっかりとふさがれ、浴室、トイレなどの凶を生ずる要素がないので吉です。火と水を使う台所の場所としては、一番無難です。

辰 張りだしがあり、この家の最大の長所です。信用が広がり、商売は繁盛します。四緑木星や辰を生まれ星にもった人や長女の運はよいです。

巳 一部に張りがあり、吉です。辰の方《かた》と合わせて巽全体として、女性が優秀です。

午 欠けはなく、無難です。

未 欠けはなく、無難です。大きな掃き出しの戸はマイナス要素とはなりますが、間取りとしては無難といってよいでしょう。住人、特に主婦はやや胃腸が弱いかもしれません。

申 未と同様、欠けはなく無難です。

酉 押し入れはよいですが、トイレと玄関の一部がはいり、欠けとなっていることは大きなマイナス要素です。出費、無駄遣いが多く、金銭の損失、との暗示もあります。特に女性は、舌禍に要注意、となります。西があらわす病気（肺や口中など）や刃物によるケガなどにも気をつけなければなりません。

戌 欠けであり、玄関です。この家の大きな短所です。主人の立場が弱い家庭です。あるいは、力のある主人であれば、あまり家に居つかない人かもしれません。酉の方の凶相と考え合わせて、住人は晩年運に恵まれません。晩年、力になってくれる人が少ないでしょう。

亥　玄関ホールから階段に通ずる部分です。欠けにはなっていませんが、階段は欠けと同様に弱い部分です。乾《いぬい》（戌と亥）全体として見て、住人は株や投機には手を出さないほうがよいでしょう。

……と、こうして見てくると、この家は凶の部分も多いように感じられるかもしれませんが、それでも、この建物は無難な家といえます。一般に売り出されている多くの住宅物件と見くらべても、この家はよい部類にはいります。

この家の相をもっとよいものにするためには、土地に余裕があれば、玄関の部分を張り出しにして造ればよいのです。

（付記）玄関、浴室、トイレの配置

家相においては、住宅を造るに当たって玄関、浴室、トイレの配置に注意しなければなりません。というのも、この三所はどこにあっても凶を生ずるからです。

そこで、凶作用を最小限に止めるために次のように配置をします。

・**玄関**　昔から南東（辰巳）の玄関を吉とします。ただし、玄関はたたき（土間）になっており、それだけで欠けに近い凶作用を生ずるので、張り出しにして造るようにします。また、南東の玄関がよいといっても、生まれ星に四緑木星や辰、巳をもつ人にとってはよいとはいえません。道路づけの加減でむずかしい場合もあるでしょう。そこで、少なくとも玄関は、北東（丑寅＝鬼門）、西（酉）には造らないことです。

・**浴室**　東（卯）、辰の方が無難です。ただし、生まれ星に三碧木星や四緑木星、辰をもつ人にはよくありません。

・**トイレ**　昔から「八干《はっかん》におく」といわれています。八干とは、十干の「甲《きのえ》　乙《きのと》　丙《ひのえ》　丁《ひのと》　戊《つちのえ》　己《つちのと》　庚《かのえ》　辛《かのと》　壬《みずのえ》　癸《みずのと》」のうち、中央の「戊《つちのえ》己《つちのと》」を除いた八方位のことです。天の作用である干《かん》は方位を定め難く、本書では触れませんでした。次ページの図に示した線上が、八干の大体の位置です。トイレは、八干のうちでも特に○印で囲んだ「甲《きのえ》、乙《きのと》、壬《みずのえ》」の線上に配置することが無難です。

無難なトイレの配置

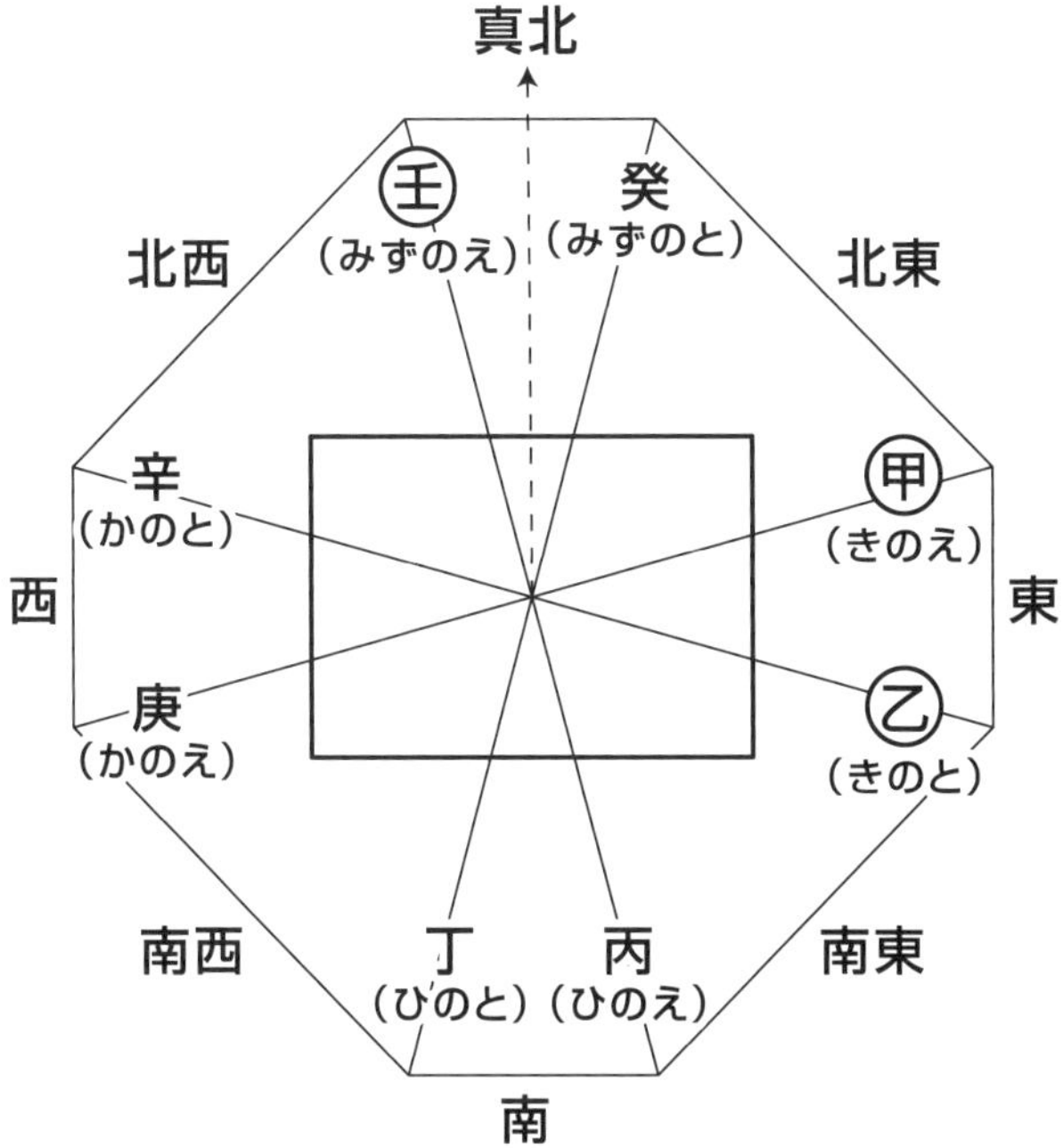

図で示した線上の位置が、八干の位置。
トイレは、そのなかでも◯印のある㊙、㊚、㊝におくことが無難。

家相で年（月）運を知る

本命星が回座した家相の吉凶

自分の本命星（九星）が家相の図面上のどの方位に回座したかによって、その年や月の運勢を見ます。

ここで、わかりやすいように図を見ながら話を進めましょう。一例として、次ページの図のような家の場合、自分の本命の九星が南東（辰巳）、もしくは北西（戌亥）に回座した年や月がツイている時です。なぜなら、この家の南東と北西が吉相（張りがある）の家だからです。本命星が家の吉相の場所に回座した時、その人はよい運に恵まれます。

たとえば、二〇一九年は八白土星の年です。するとこの年、南東に回座しているのは七赤金星であり、北西に回座しているのは九紫火星です。そこで、これらの星を本命星にもった、この家の住人はツキに恵まれるというわけです。

もちろん、同様の見方で、家相の弱い部分に自分の本命星が回座している年や月は運も弱いのですから、要注意となります。数え年で女性三十三歳、男性四十二歳は「大厄」といわれていますが、この年は本命星が北に回座しています。この「大厄」の年に本当にイヤなこ

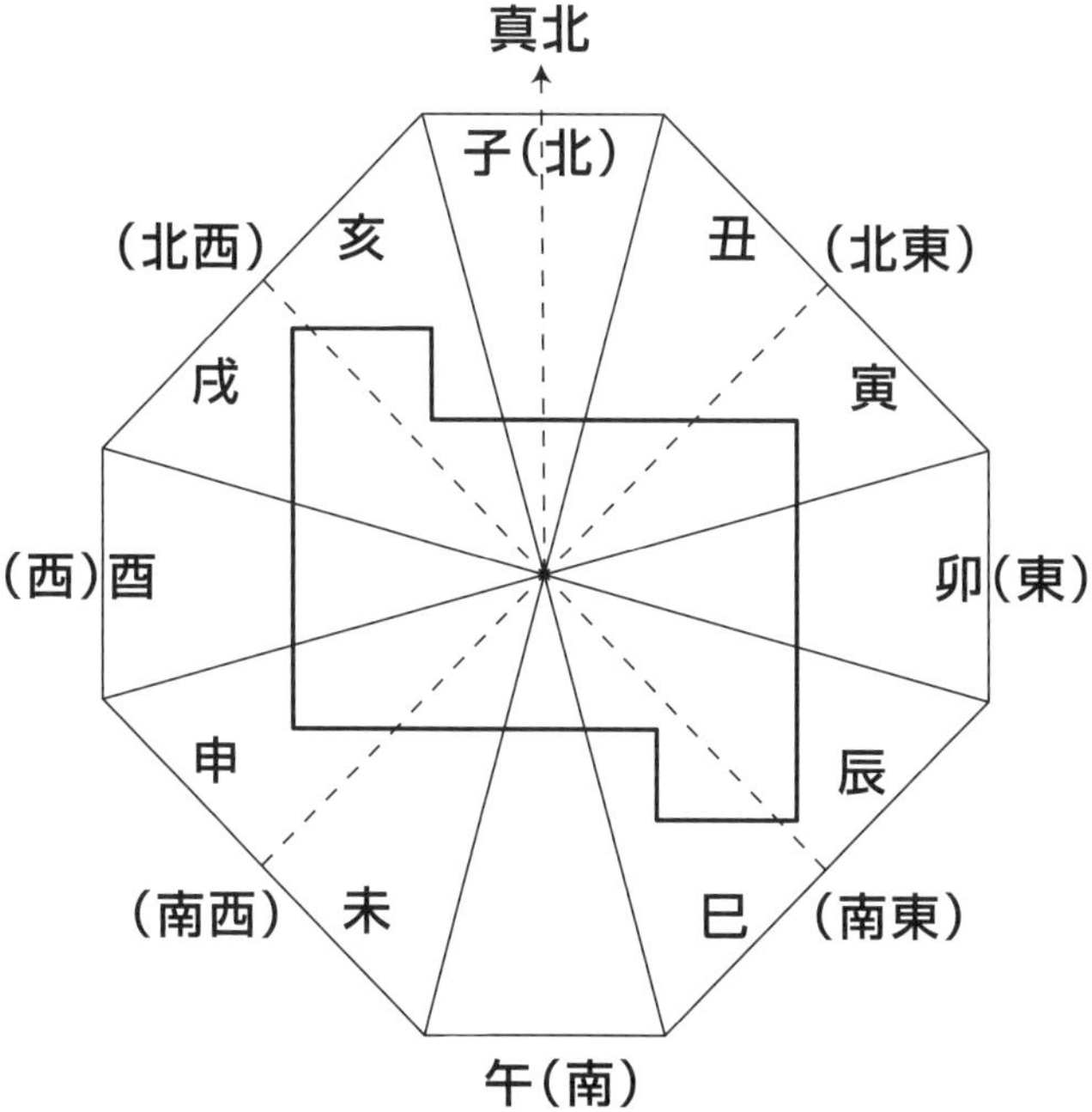

○この家の住人は、本命星が南東や北西に回座した年や月に幸運に恵まれる。
○この家は、辰・巳・戌・亥の年や月に強みを発揮する。

とがあったという人の多くは、北の凶相の家に住んでいるのです。逆に「厄当たり」といって、「大厄」の年にツイている人もいます。そういう人の多くは、北が吉相の家に住んでいるのです。

その年（月）の家相の十二支方位の吉凶（流年法）

同じ前ページの図を見ながら、話をつづけます。

この家は、辰年（辰月）、巳年（巳月）、戌年（戌月）、亥年（亥月）に強さを発揮します。その年や月に当たる家相の部分が吉相（張りがある）になっているからです。

この見方は、毎年、毎月、順を追って場所が移っていくので「流年法」といわれていて、主として家運を見ます。個人の運勢としては、健康面のことがあらわれやすいものです。たとえば、毎年六月（午の月）になると目を痛めるなどという人は、家の南（午の方）が凶相であることが多いのです。

家相、この方法で開運する

家の長所の方位を用いる

気学で開運するというと、まず祐気法が思い浮かびます。本書でもすでに書いてきたように、自分にとってよい方位に移動する（転居や旅行など）ことによって、開運をはかる方法です。また、よい家相の家に住むことで、安定したよい運気が得られるということも、わかりました。

そこで、ここでは祐気法と家相とを合わせて用いる開運法について、お話ししてみたいと思います。

まず、あなたの家の平面図を見て、家の長所（家相的に吉の部分）を見つけてください。その部分が、あなたの運気的に強い部分をあらわしています。開運のための祐気法を行う場合、家の長所の方位を用いることが、大きな効果を得る方法となります。

たとえば、あなたの住んでいる家が南東張りの吉相の家であれば、あなたにとってよい星が南東にめぐった時に、その方位の祐気取りを行います。すると南東ですから、良縁に恵まれる、というわけです。その良縁とは、立場によって結婚ということもあるし、仕事上の取り引きの縁ということもあります。

さらに、この方法の着目ポイントをあげてみます。

・生まれ育った家（生まれてから十八歳ぐらいまで住んだ家）の家相の吉の部分。
・長く住んでいた家の家相の吉の部分。
・現在住んでいる家の家相の吉の部分。

これらの吉の部分が、その家の住人にとっての長所であり、力が発揮される部分となります。

たとえば、東（卯の方）に張りのある家に住んでいる人は、三碧木星の徳分をもっています。何事にも積極的であり、覇気があり、行動力が旺盛です。いくつになっても若々しく元気があり、人前でしゃべることも得意でしょう。声がよく、歌や音楽に縁があります。三碧木星の徳分をもった人とは、本質的に、以上のような美点をもっています。

あなたが、そうした東張りの家に住んでいて、もし本命星や月命星が三碧木星であれば、あなたは特に強運者といえます。しかし、あなたが他の本命星だったとしても、三碧木星の徳分をもっている、ということには変わりがありません。

この家の住人は、三碧木星象意のものや人物、職業に縁ができやすく、それがチャンスにつながることが多いのです。そのチャンスにはずみをつけるのが、東方位を用いた祐気取りとなります。

家相の凶の部分について

では、家の凶の部分については、どのように考えればよいのでしょうか。

たとえば、南東（辰巳の方）が欠けこんだ家に住んでいる場合には、四緑木星の徳分に弱い住人となります。何事にも良縁が広がらず、仕事上の取り引きにも強みを発揮できません。

このような家に生まれ育った人は、なかなかよい結婚にも恵まれないのですが、そういう人が良縁を得るためにはどうしたらよいのか。となると、やはり南東に当人にとって吉の星がめぐった時に祐気取りをする、ということになります。しかし、効果はすぐにはあらわれてこないので、根気よく、何度も祐気を取らなければなりません。

また、自分の本命星の場所が欠けた家に長年住んでいる場合には、その方位の開運については、遠方への転居などではなく、小さな祐気取りを根気よく重ねていくことが無難な方法です。積極的な開運というより、運気を補強するという意味で有効です。

「家」に想いをめぐらせる

「もの」にも家にも生命がある

ここまで家相について、いろいろ見てきましたが、ここでちょっと視点を変えて、自分の家とのつきあい方について考えてみたいと思います。

現代は「もの」があふれている時代で、その反動からか、ずいぶん前から「断捨離」などに代表される「もの」と離れる生き方が提唱されています。こうした考え方は、これからも当分つづいて、多くの人たちに支持されていくでしょう。というのも、現代は家の中にも本当にいろいろな「もの」がありすぎて、そのために生活が煩雑になっている場合が多いからです。

「生活は、簡素であることが最上である」

生活者としては、これこそが真理であると、わたしは思っています。ところが、現実はなかなか理想どおりにはいきません。今、多くの人たちが、そのように感じていると思います。

家の中にあふれかえっている、いろいろな「もの」たちは、それぞれ固有の「気」をもっています。それは「波動」「念」「精」などといわれることもありますが、要するに「もの」といっても、ただの無機物ではないのです。

「もの」は、それが生みだされ、人の手を経て、人とともに在《あ》りつづけるうちに、いろいろな「気」を付着させていきます。そして「もの」は、その持ち主と知らず知らずのうちに深いつながりをもつようになります。

古来、人形や宝石にまつわる不可思議な話は多く、たとえば不幸をよぶ宝石の話があるかと思えば、一方では幸福をよぶ宝石の話もあります。では、幸福をよぶグッズは、あればあるほどよいのでしょうか。わたしは、そうは思いません。何事もほどほどがよく、どんなによい「もの」であっても、多すぎると持ち主を疲れさせます。

使われもせず、手入れもされずに放置されていた「もの」たちは、いつしか付喪神《つくもがみ》(注)となって、悪いたずらを始めるかもしれません。さらに「もの」が多くなると、整理や掃除も追いつかず、どうしても部屋のすみなどにほこりがたまりやすくなります。ほこりの周りにはよくない「気」が集まってきます。ほこりやゴミは、低い霊の依《よ》り代《しろ》になるともいわれています。

とにかく、「もの」はあまり多くないほうがよいのです。

ところで、本書で述べてきた家もまた「もの」です。家は、その大きさ、値段からいっても、「もの」の最たるものでしょう。そして、家は雨露をしのぐために、どんな時でも住人を守り、安眠や家庭のぬくもりなどをもたらしてくれるものです。

わたしたちの意識も、知らず知らずのうちに、家としっかりとつながっていきます。人は生活をしていく上でいろいろな「もの」とつながりをもっていますが、実は、家とのつながりほど強いものはありません。だからこそ、家の一部であっても不用意に壊したりすると（たとえ増改築や修理のためであっても）、住人の体や運勢に異変が起こったりもするのです。

家には感謝をして、つねにすっきりと整えておきたいものです。相学的には、壁を抜いたり、浴室などの水回りを大きくいじることは、暦を見て、どんなによい時を選んでも「凶」の危険があります。家は、大きく壊れる前に小まめに修理、メンテナンスを施すことが大切です。

最後に、わたしの記憶に残る、家にまつわるちょっとした出来事についてお話ししましょう。

ずいぶん昔の話になりますが、わたしが現在の住所に移るに当たって、古い家を離れた時のことです。その家は、自分たち家族が長年住んでいたものですが、すでに売却もすみ、取り壊しも目前でした。家具などは、すべて新居に向けて運び出された後でした。

最後に家のお祓いをしました。日本酒を用いて、がらんとした家の一部屋ずつを清めて回りました。

お清めもこれで終了、という時でした。柏手をふたつ打った、そのとたん、グラグラグラッと、家全体が不思議な揺れ方をしました。襖などの建具をうち鳴らして、音は上のほうへと、柔らかく抜けていったようでした。

たまたまの地震であったかもしれません。

けれども、わたしはこの時、思いました。これまで、この家を守っていた目には見えない存在が、家を離れていったのではないか――、と。

やはり、長年、人とともに在った家には生命があり、神ともよべる存在を宿していたのではないでしょうか。

（注）付喪神　日本の伝承で、長い年月を経た道具やものに霊的存在が宿ったもの。人を、たぶらかすという。

参考図書　『暦入門　暦のすべて』　渡邊敏夫著　雄山閣
『日本の俗信』　井之口章次著　弘文堂

付録——九星盤・九星吉方表・九星循環表（暦）

九星盤（年盤）

この盤は、九星循環表からわかる中宮星別に各星の遁甲の位置関係をあらわしたものです。月盤・日盤にもなりうるものですが、本書では年盤として使用します。

五黄中宮の年盤

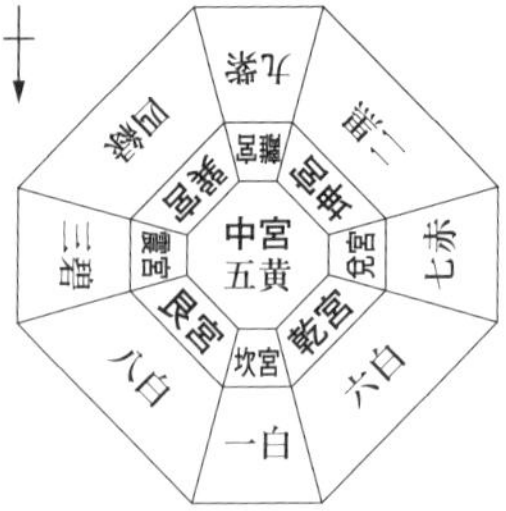

六白中宮の年盤

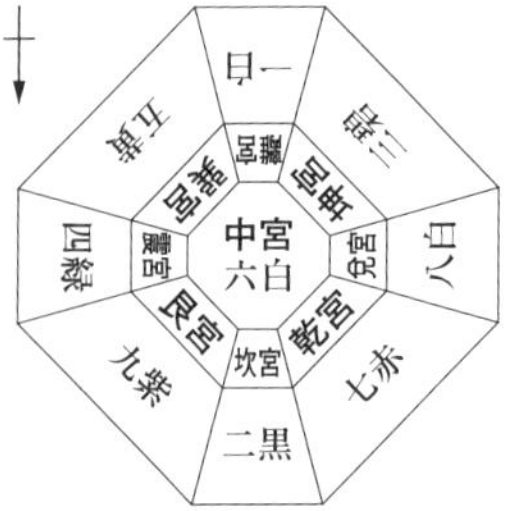

七赤中宮の年盤

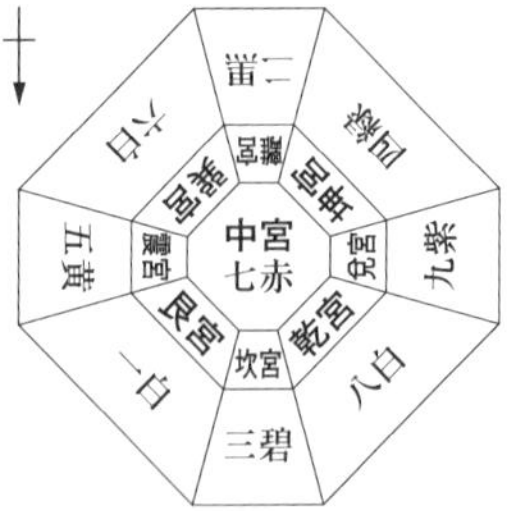

定位盤

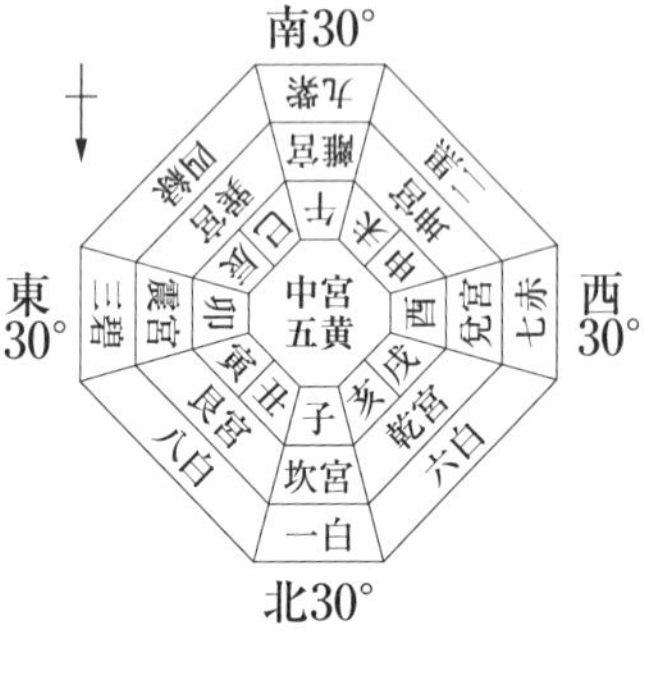

二黒中宮の年盤

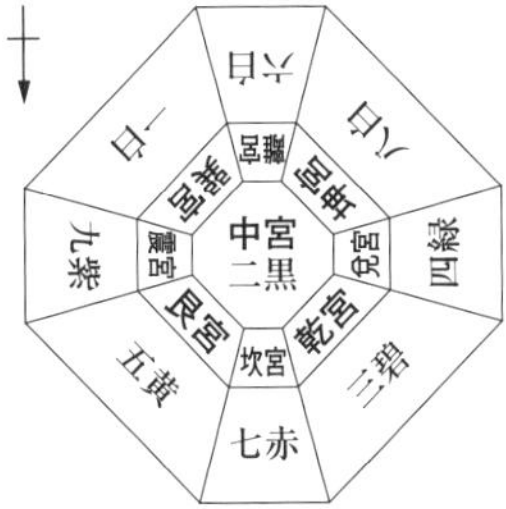

八白中宮の年盤

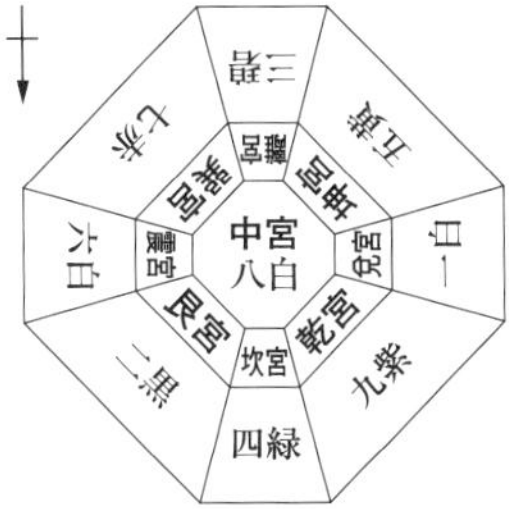

三碧中宮の年盤

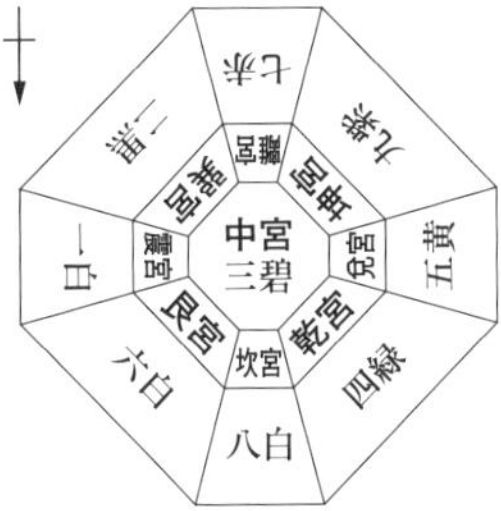

九紫中宮の年盤

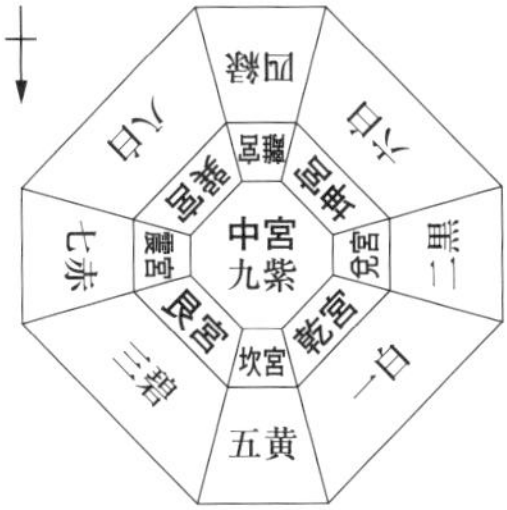

四緑中宮の年盤

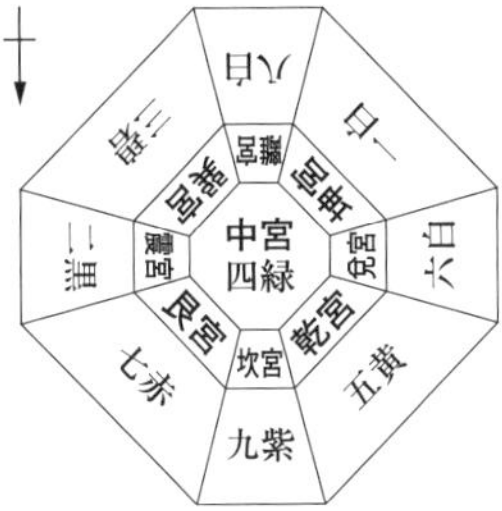

一白中宮の年盤

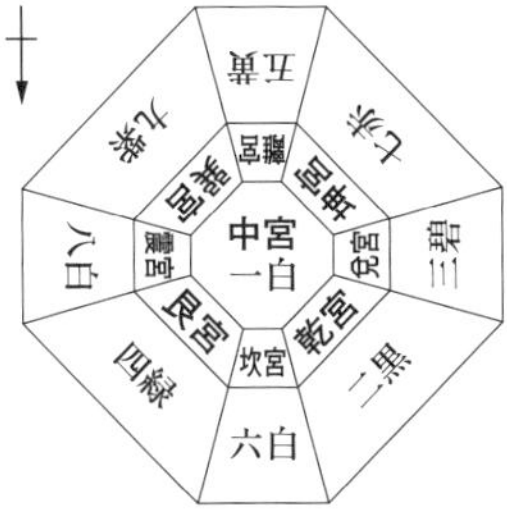

本命星・一白水星の吉方表

注意

●表中の薄アミがかかった宮が吉方です。ただし、定位対冲の方位は、起死回生をねらうような特別の場合以外にはつかえません。（本文・三章「気学祐気法が明かす幸運の方位」参照）。また、定位対冲の方位は、年・月・日（または年・月、月・日）のかさなりで用いることはできません。

●たとえこの表で吉方になっていても、破がつけば凶方となってつかえません。破とは、その年（月・日）の十二支の正反対の方位です。十二支の方位は、定位盤に示されています。たとえば二〇一九年・亥年の歳破は、亥・北西60°の正反対の巳・南東60°となります。

九紫中宮の年（月・日）盤

吉方＝南西 60°　北東 60°
東 30°（定位対冲）

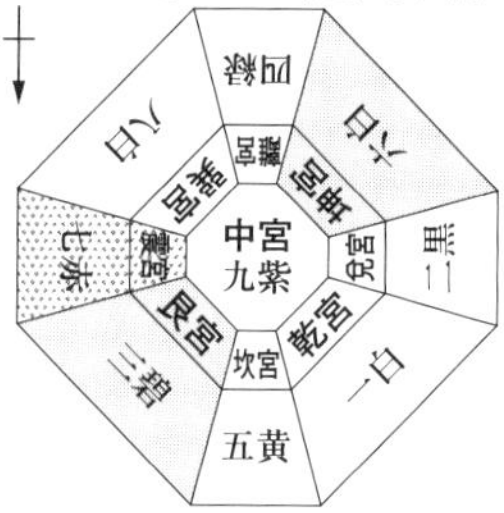

八白中宮の年（月・日）盤

吉方＝南 30°　北 30°
南東 60°

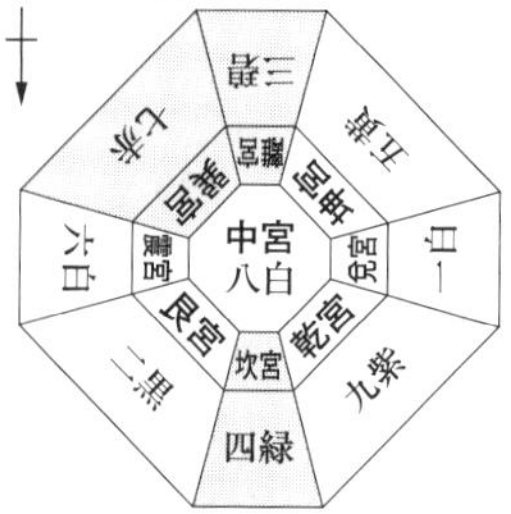

七赤中宮の年（月・日）盤

吉方＝北 30°
南東 60°（定位対冲）

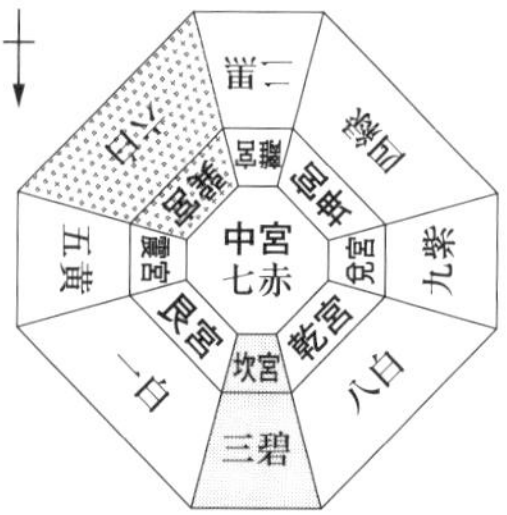

定位盤

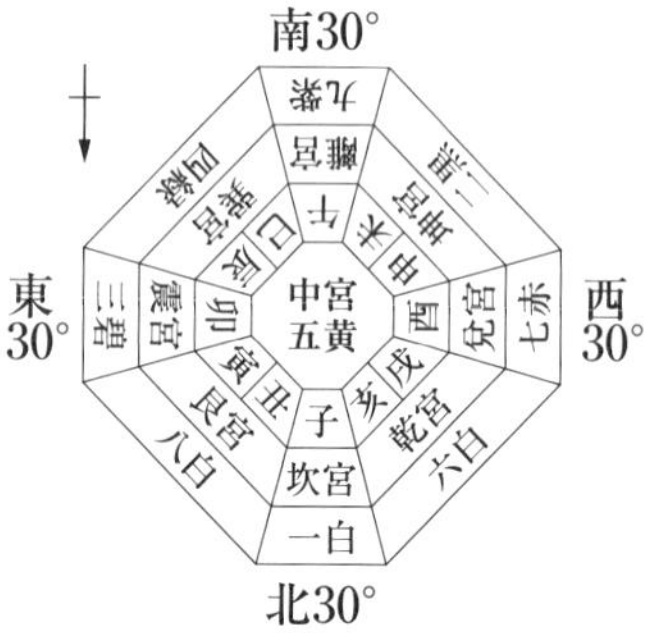

三碧中宮の年(月・日)盤

吉方＝南 30°　北東 60°
北西 60°（定位対冲）

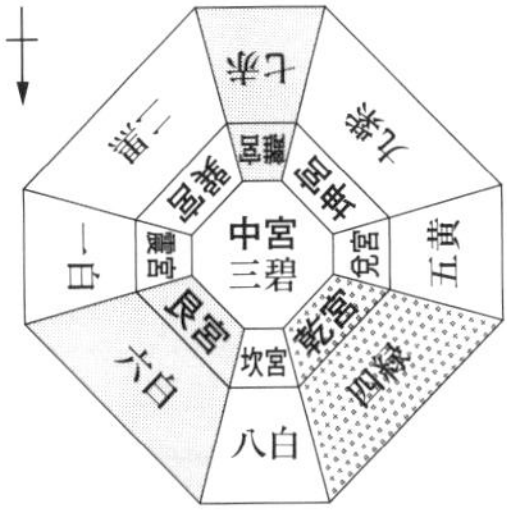

六白中宮の年(月・日)盤

吉方＝南西 60°　東 30°

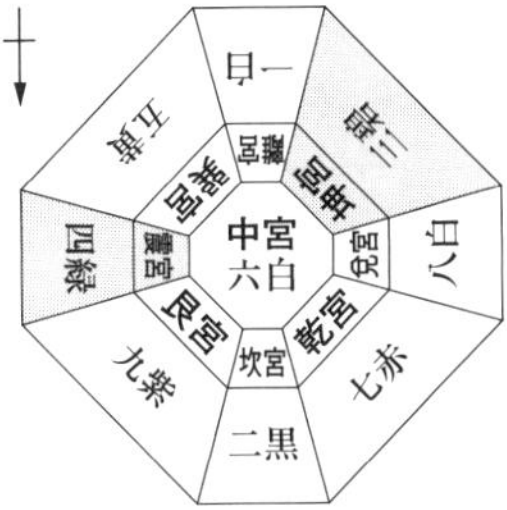

二黒中宮の年(月・日)盤

吉方＝南 30°　西 30°
北 30°

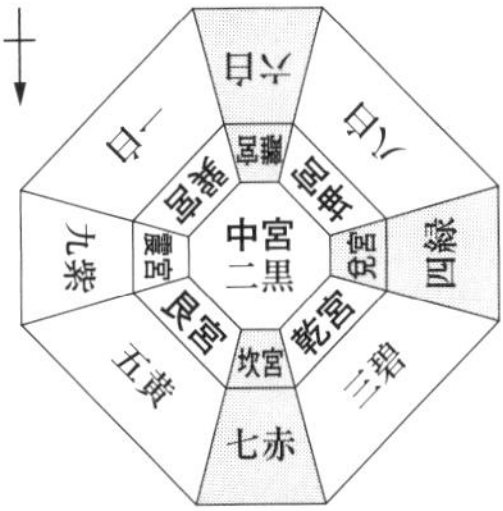

五黄中宮の年(月・日)盤

吉方＝西 30°　北西 60°
東 30°　南東 60°

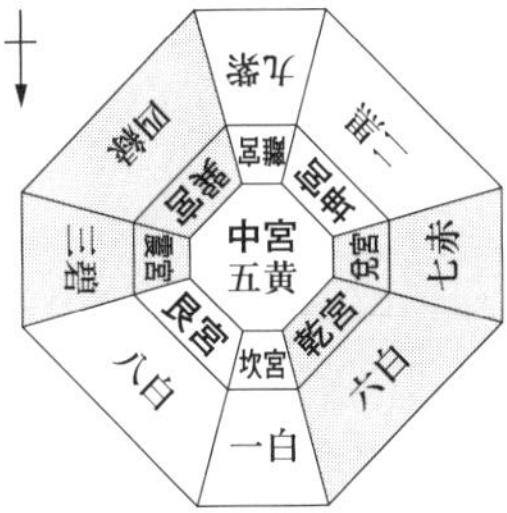

一白中宮の年(月・日)盤

吉方＝南西 60°　北東 60°
西 30°（定位対冲）

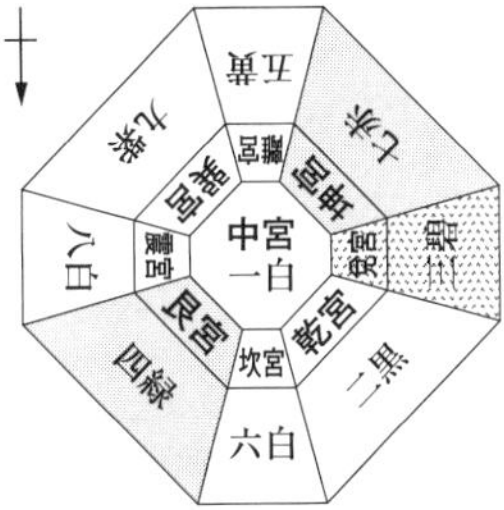

四緑中宮の年(月・日)盤

吉方＝西 30°

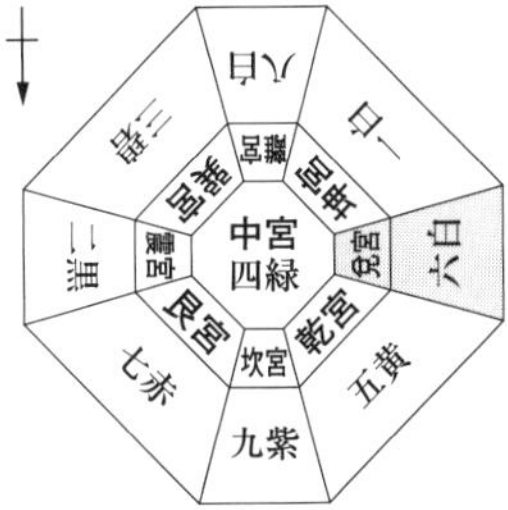

本命星・二黒土星の吉方表

注意

●表中の薄アミがかかった宮が吉方です。ただし、定位対冲の方位は、起死回生をねらうような特別の場合以外にはつかえません。（本文・三章「気学祐気法が明かす幸運の方位」参照）。また、定位対冲の方位は、年・月・日（または年・月、月・日）のかさなりで用いることはできません。

●たとえこの表で吉方になっていても、破がつけば凶方となってつかえません。破とは、その年（月・日）の十二支の正反対の方位です。十二支の方位は、定位盤に示されています。

たとえば二〇一九年・亥年の歳破は、亥・北西60°の正反対の巳・南東60°となります。

九紫中宮の年(月・日)盤

吉方＝南西 60°　南東 60°

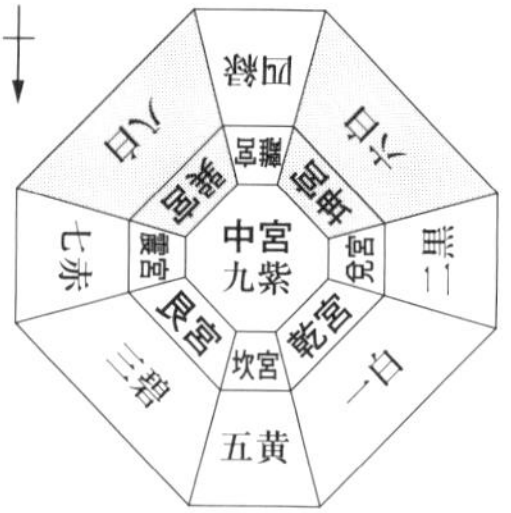

八白中宮の年(月・日)盤

吉方＝北西 60°　東 30°
南東 60°

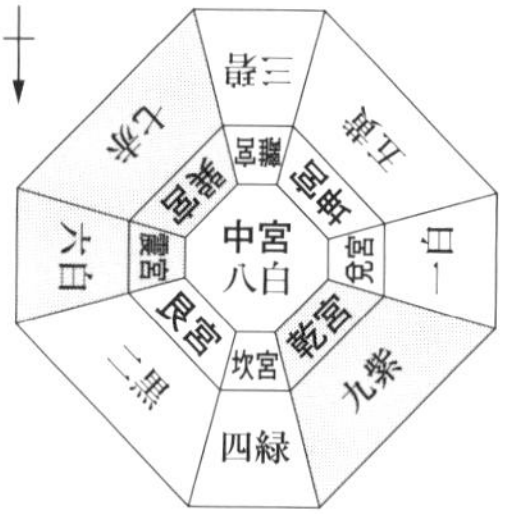

七赤中宮の年(月・日)盤

吉方＝北西 60°
南東 60°（定位対冲）

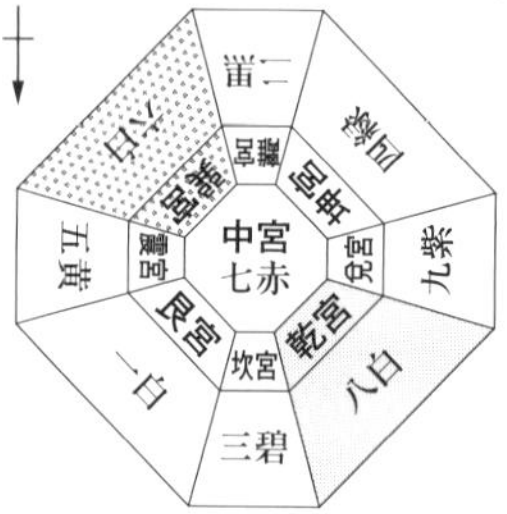

定位盤

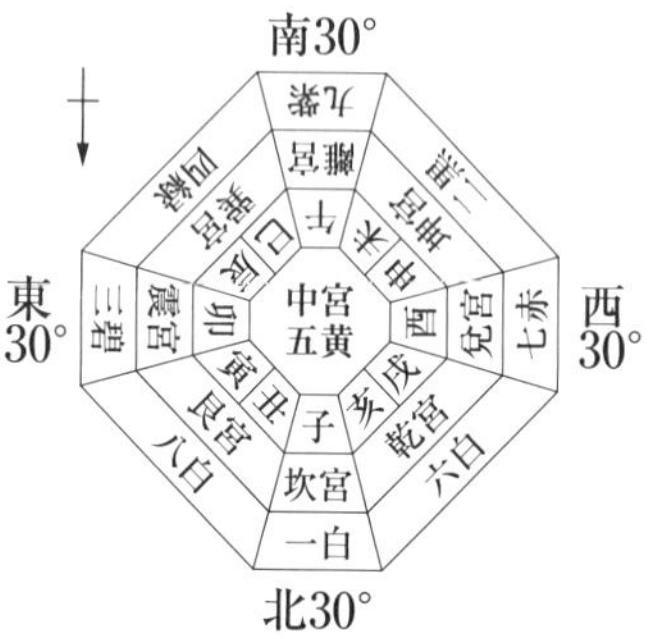

三碧中宮の年（月・日）盤

吉方＝南 30°　南西 60°
北 30°　北東 60°

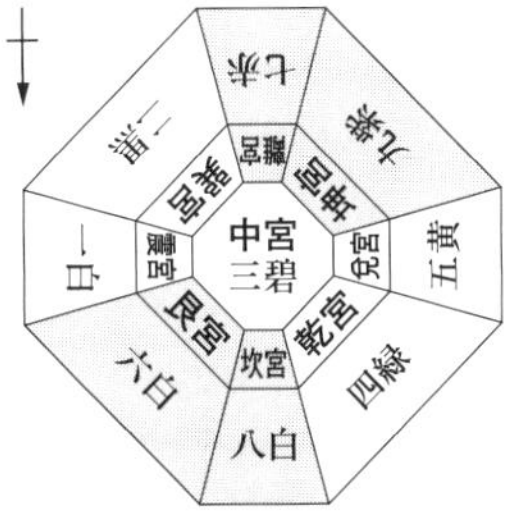

六白中宮の年（月・日）盤

吉方＝西 30°　北東 60°

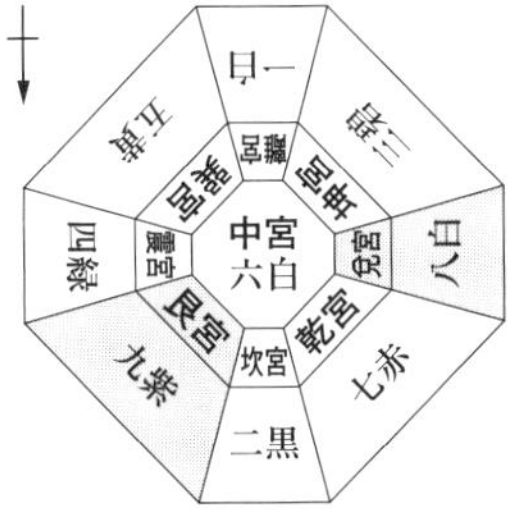

二黒中宮の年（月・日）盤

吉方＝南 30°　北 30°
東 30°

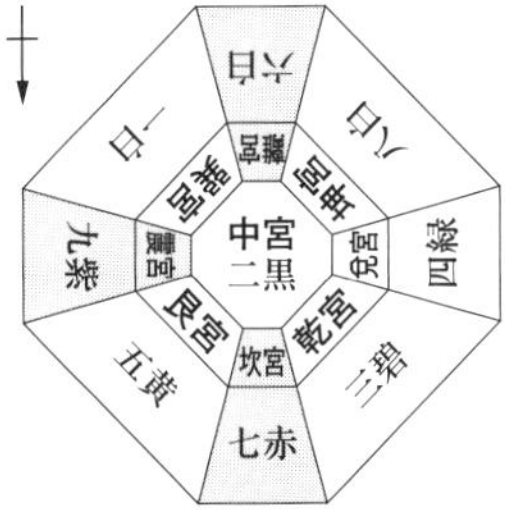

五黄中宮の年（月・日）盤

吉方＝南 30°　西 30°
北西 60°

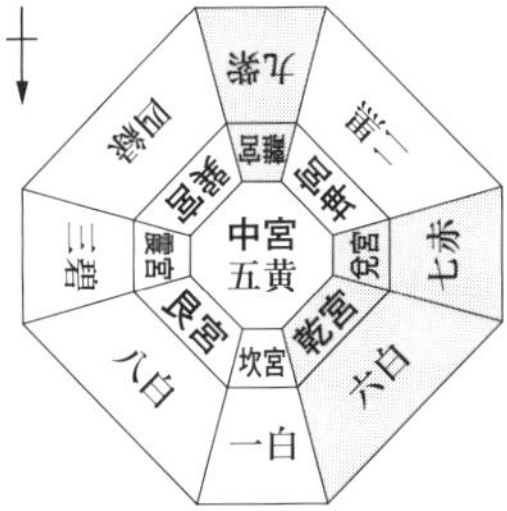

一白中宮の年（月・日）盤

吉方＝南西 60°　東 30°

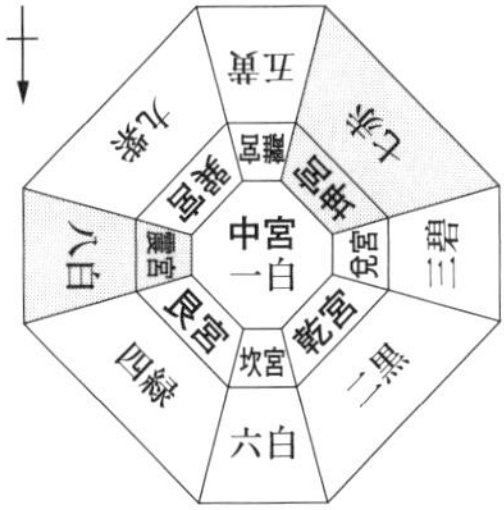

四緑中宮の年（月・日）盤

吉方＝南 30°　北東 60°
北 30°（定位対冲）

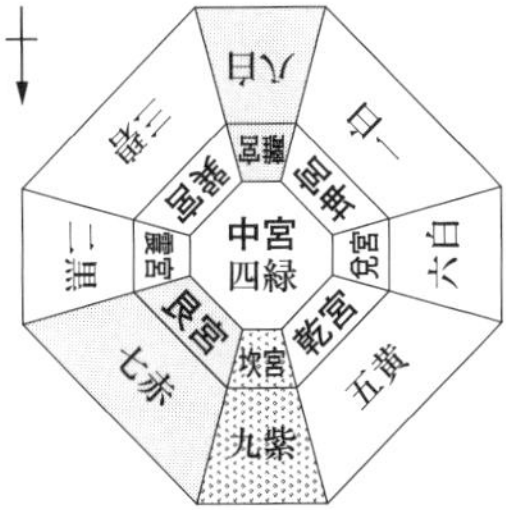

本命星・三碧木星の吉方表

注意

●表中の薄アミがかかった宮が吉方です。ただし、定位対冲の方位は、起死回生をねらうような特別の場合以外にはつかえません。（本文・三章「気学祐気法が明かす幸運の方位」参照）。また、定位対冲の方位は、年・月・日（または年・月、月・日）のかさなりで用いることはできません。

●たとえこの表で吉方になっていても、破がつけば凶方となってつかえません。破とは、その年（月・日）の十二支の正反対の方位です。十二支の方位は、定位盤に示されています。たとえば二〇一九年・亥年の歳破は、亥・北西60°の正反対の巳・南東60°となります。

九紫中宮の年（月・日）盤

吉方＝北西 60°

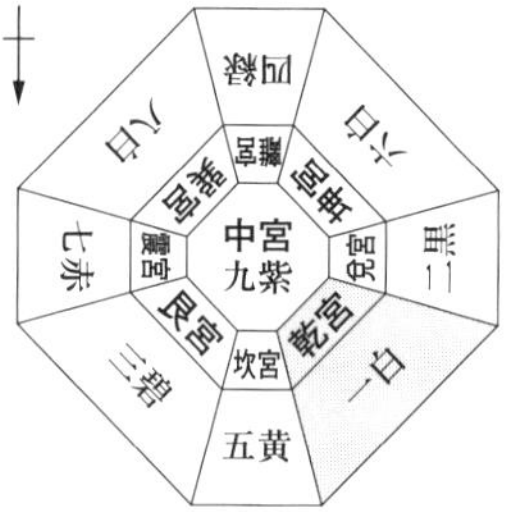

八白中宮の年（月・日）盤

吉方＝西 30°　北西 60°

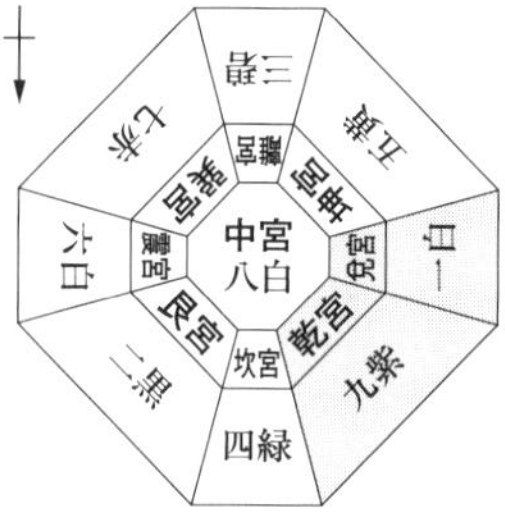

七赤中宮の年（月・日）盤

吉方＝南西 60°
北東 60°

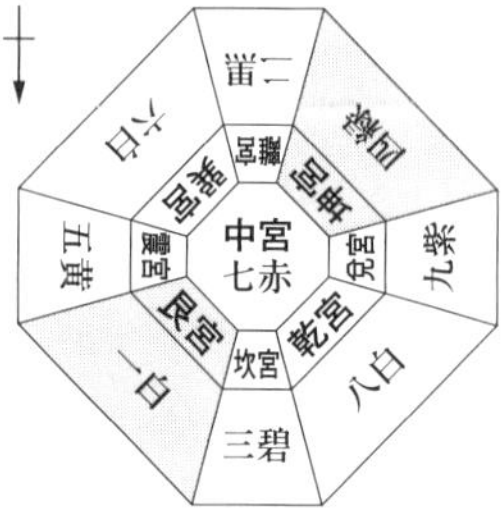

定位盤

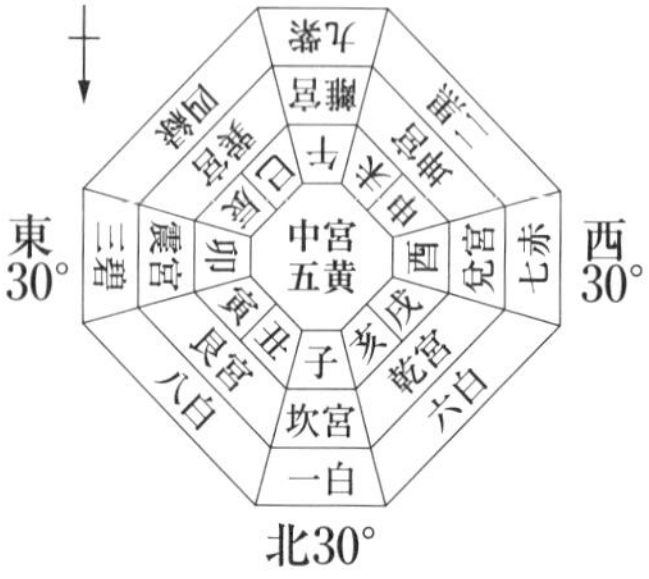

三碧中宮の年(月・日)盤

吉方＝南西 60°
北西 60°（定位対冲）

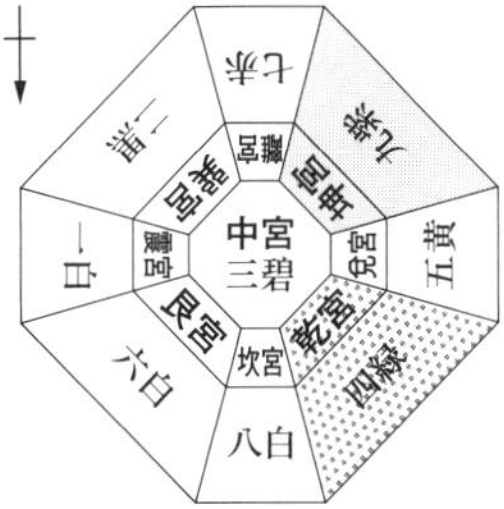

六白中宮の年(月・日)盤

吉方＝東 30°
南 30°（定位対冲）

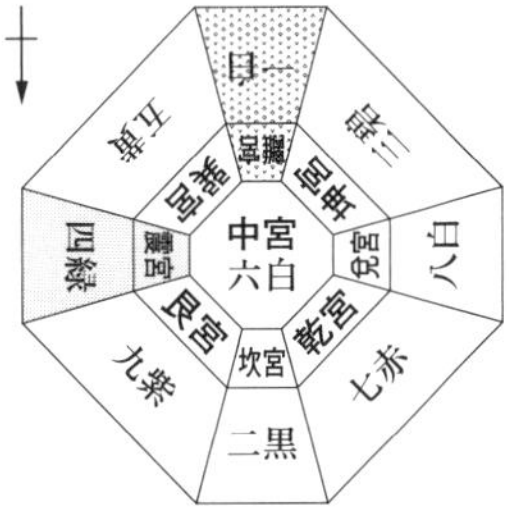

二黒中宮の年(月・日)盤

吉方＝西 30°　東 30°

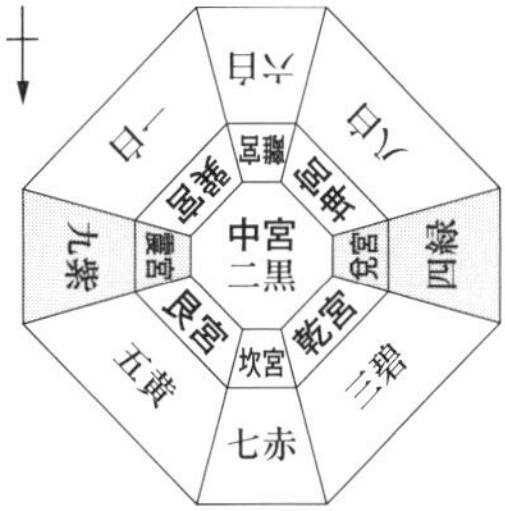

五黄中宮の年(月・日)盤

吉方＝南 30°　北 30°
南東 60°

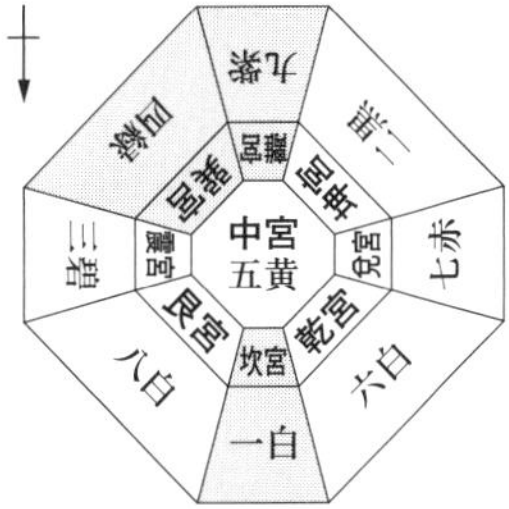

一白中宮の年(月・日)盤

吉方＝北東 60°　南東 60°

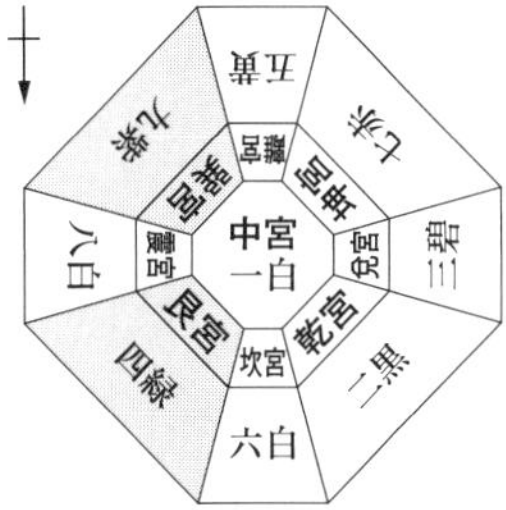

四緑中宮の年(月・日)盤

吉方＝南西 60°
北 30°（定位対冲）

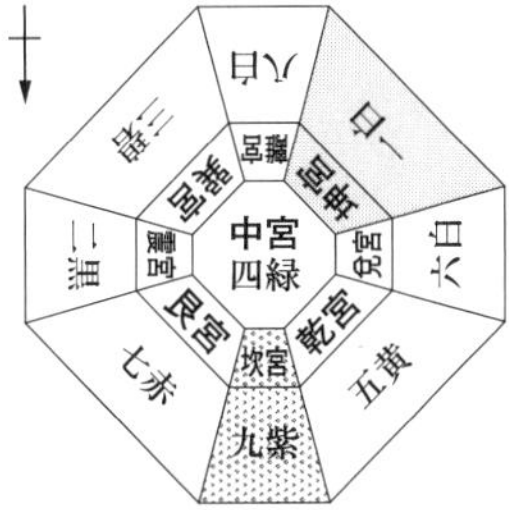

本命星・四緑木星の吉方表

注意

●表中の薄アミがかかった宮が吉方です。ただし、定位対冲の方位は、起死回生をねらうような特別の場合以外にはつかえません。（本文・三章「気学祐気法が明かす幸運の方位」参照）。また、定位対冲の方位は、年・月・日（または年・月、月・日）のかさなりで用いることはできません。

●たとえこの表で吉方になっていても、破がつけば凶方となってつかえません。破とは、その年（月・日）の十二支の正反対の方位です。十二支の方位は、定位盤に示されています。たとえば二〇一九年・亥年の歳破は、亥・北西60°の正反対の巳・南東60°となります。

九紫中宮の年（月・日）盤

吉方＝北西 60°　北東 60°

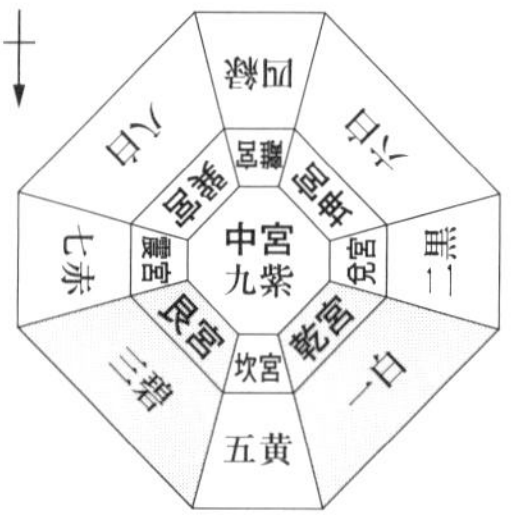

八白中宮の年（月・日）盤

吉方＝西 30°　北西 60°

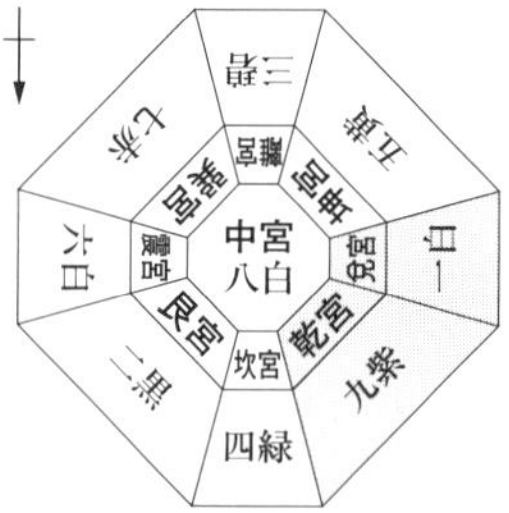

七赤中宮の年（月・日）盤

吉方＝北 30°

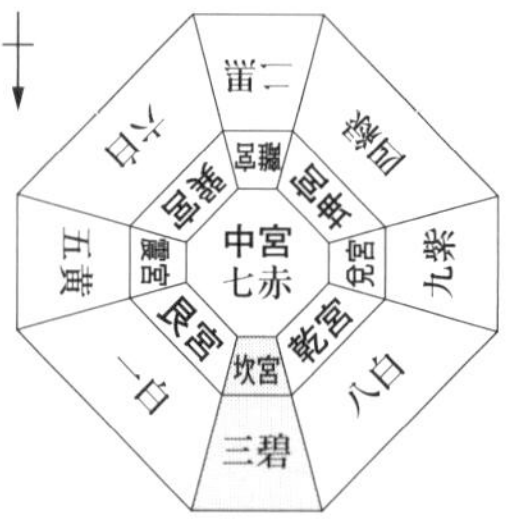

定位盤

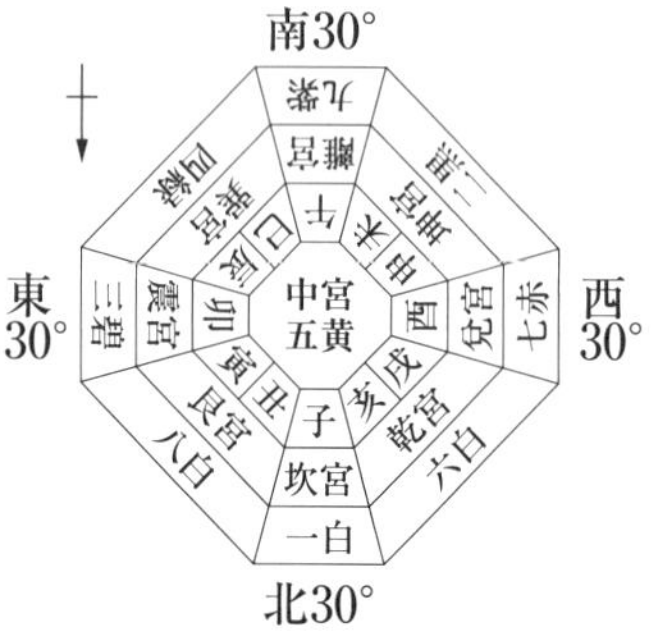

三碧中宮の年（月・日）盤

吉方＝南西 60°

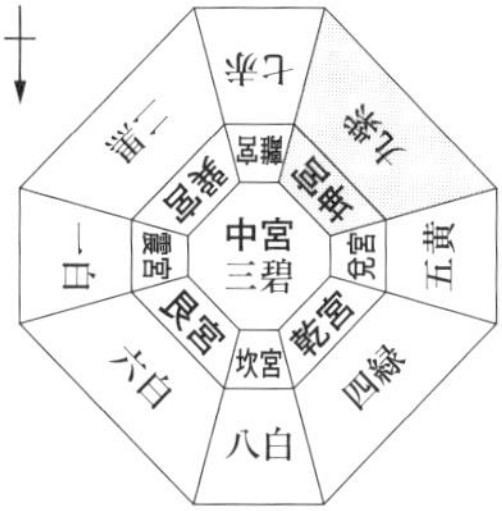

六白中宮の年（月・日）盤

吉方＝南西 60°　北東 60°
南 30°（定位対冲）

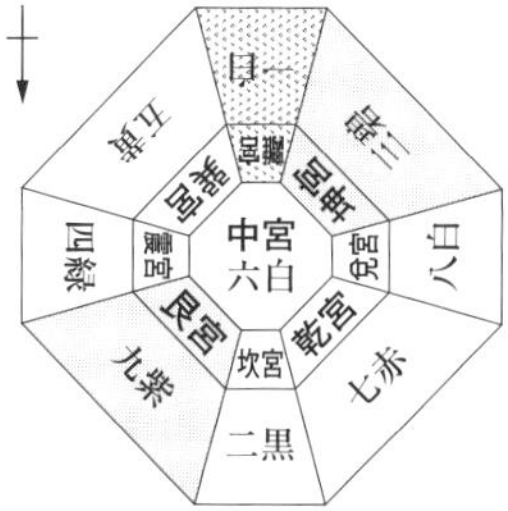

二黒中宮の年（月・日）盤

吉方＝北西 60°　南東 60°

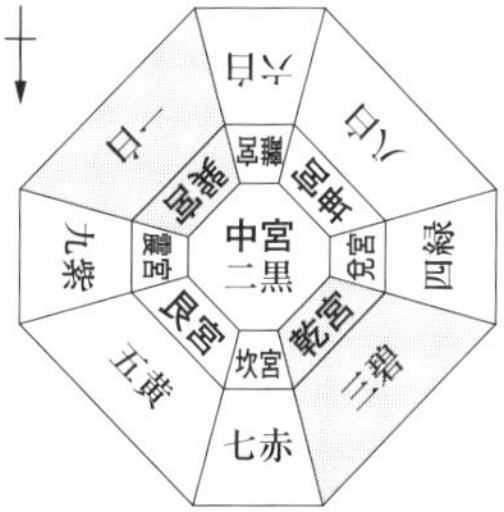

五黄中宮の年（月・日）盤

吉方＝南 30°　北 30°
東 30°

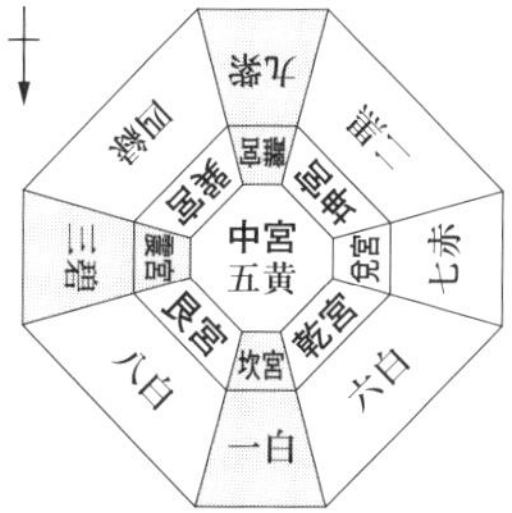

一白中宮の年（月・日）盤

吉方＝南東 60°
西 30°（定位対冲）

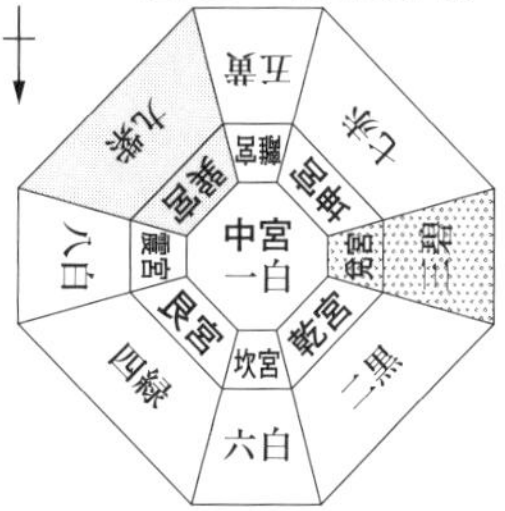

四緑中宮の年（月・日）盤

吉方＝南西 60°
北 30°（定位対冲）

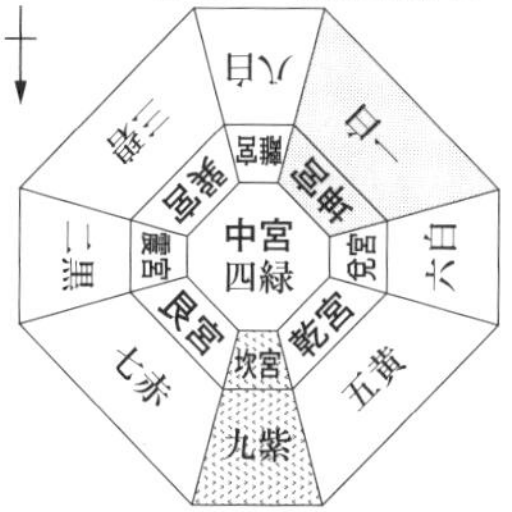

本命星・五黄土星の吉方表

注意

●表中の薄アミがかかった宮が吉方です。ただし、定位対冲の方位は、起死回生をねらうような特別の場合以外にはつかえません。（本文・三章「気学祐気法が明かす幸運の方位」参照）。また、定位対冲の方位は、年・月・日（または年・月、月・日）のかさなりで用いることはできません。

●たとえこの表で吉方になっていても、破がつけば凶方となってつかえません。破とは、その年（月・日）の十二支の正反対の方位です。十二支の方位は、定位盤に示されています。

たとえば二〇一九年・亥年の歳破は、亥・北西60°の正反対の巳・南東60°となります。

九紫中宮の年（月・日）盤

吉方＝南西 60°　西 30°　南東 60°
東 30°（定位対冲）

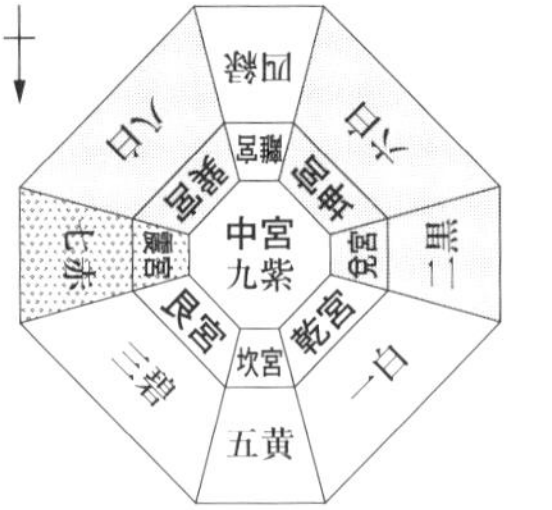

八白中宮の年（月・日）盤

吉方＝北西 60°　東 30°
南東 60°

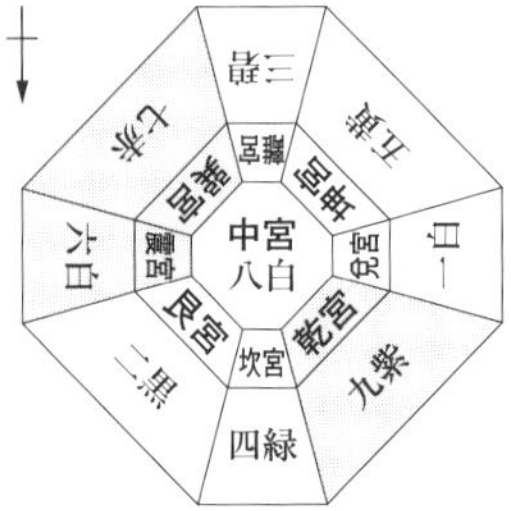

七赤中宮の年（月・日）盤

吉方＝南 30°　北西 60°
南東 60°（定位対冲）

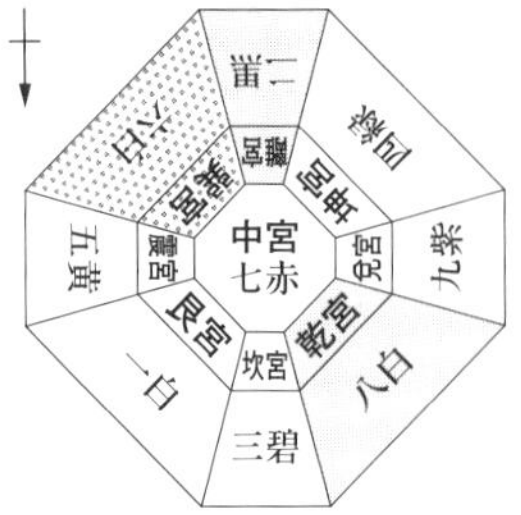

定位盤

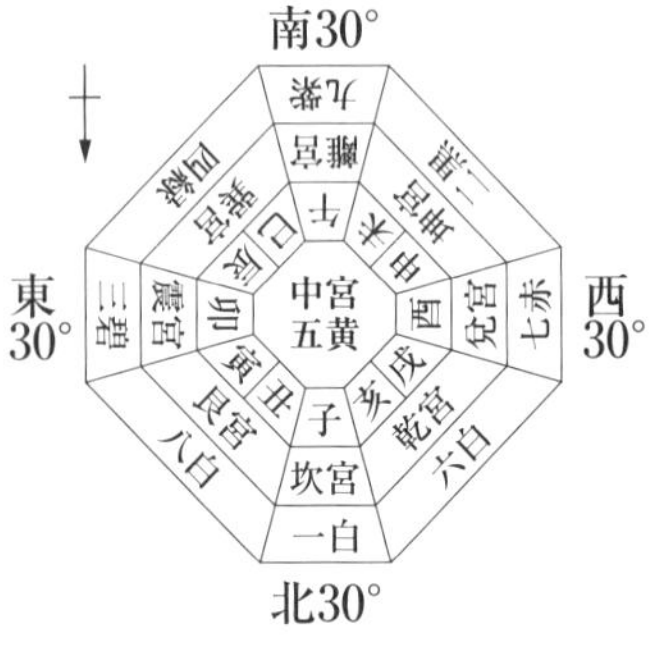

三碧中宮の年(月・日)盤

吉方＝南 30° 南西 60° 北 30°
北東 60° 南東 60°

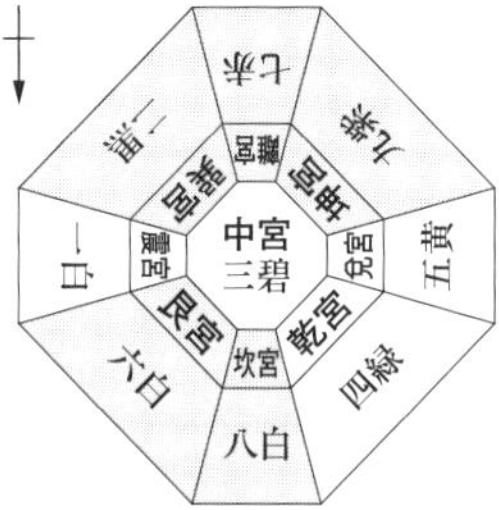

六白中宮の年(月・日)盤

吉方＝西 30° 北 30°
北東 60°

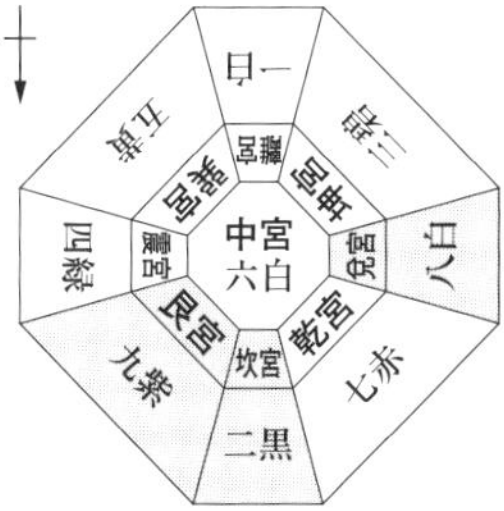

二黒中宮の年(月・日)盤

吉方＝南 30° 北 30°
東 30°

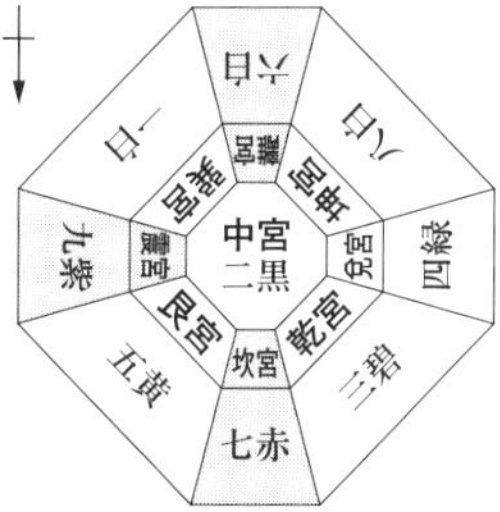

五黄中宮の年(月・日)盤

吉方＝南 30° 南西 60° 西 30°
北西 60° 北東 60°

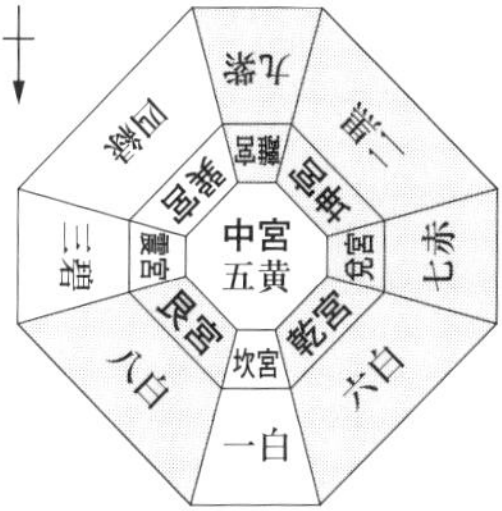

一白中宮の年(月・日)盤

吉方＝南西 60° 北西 60°
東 30° 南東 60°

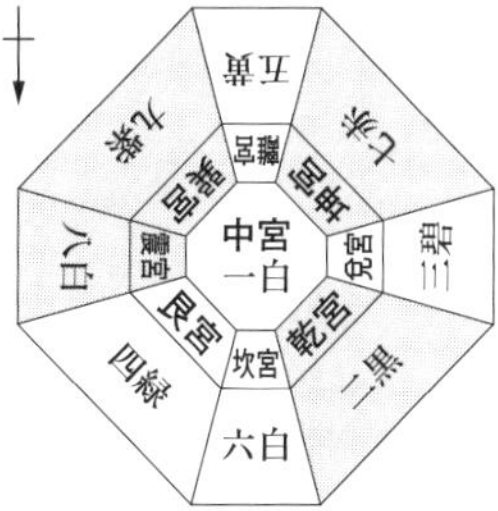

四緑中宮の年(月・日)盤

吉方＝南 30° 西 30° 北東 60°
東 30° 北 30°(定位対冲)

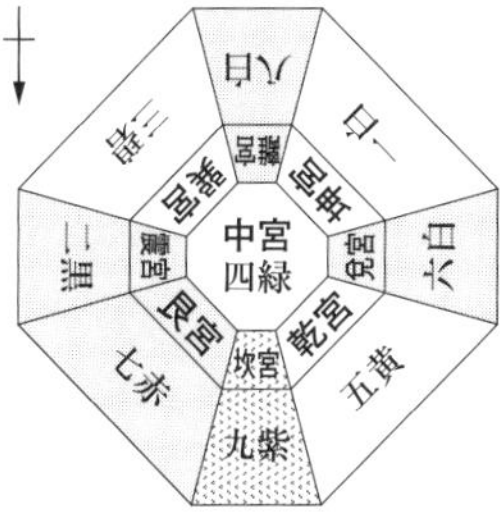

本命星・六白金星の吉方表

注意

●表中の薄アミがかかった宮が吉方です。ただし、定位対冲の方位は、起死回生をねらうような特別の場合以外にはつかえません。（本文・三章「気学祐気法が明かす幸運の方位」参照）。また、定位対冲の方位は、年・月・日（または年・月、月・日）のかさなりで用いることはできません。

●たとえこの表で吉方になっていても、破がつけば凶方となってつかえません。破とは、その年（月・日）の十二支の正反対の方位です。十二支の方位は、定位盤に示されています。たとえば二〇一九年・亥年の歳破は、亥・北西60°の正反対の巳・南東60°となります。

九紫中宮の年（月・日）盤

吉方＝西 30°　北西 60°　南東 60°
東 30°（定位対冲）

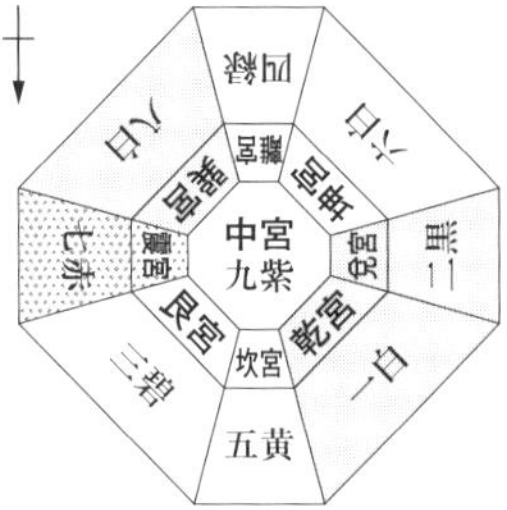

八白中宮の年（月・日）盤

吉方＝南東 60°

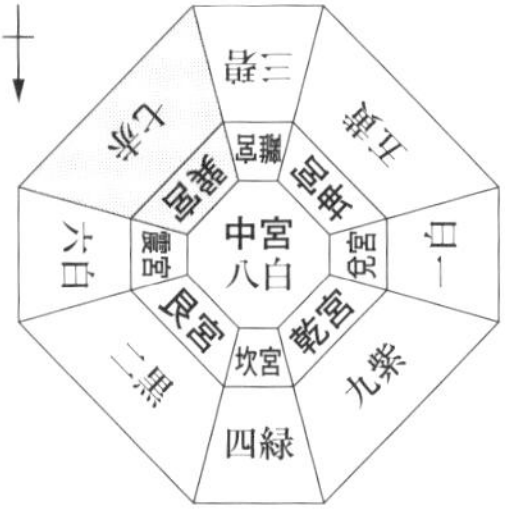

七赤中宮の年（月・日）盤

吉方＝南 30°　北東 60°

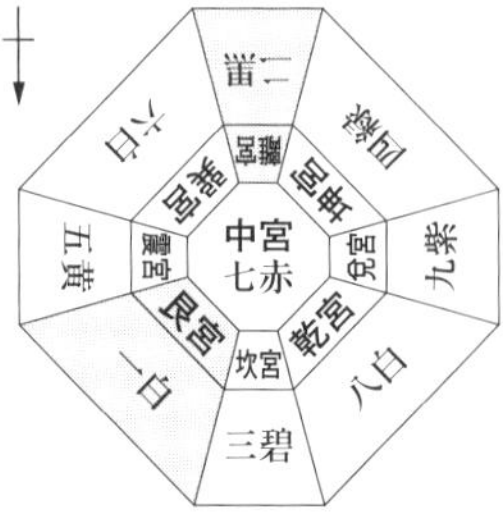

定位盤

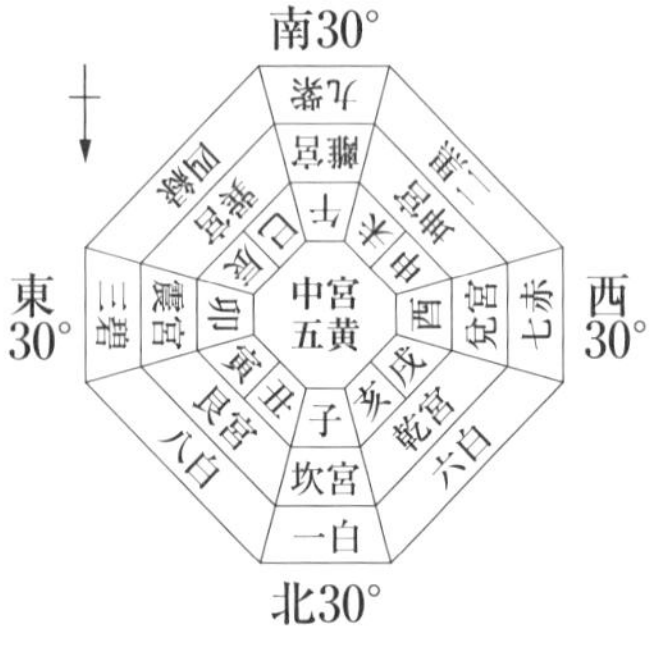

三碧中宮の年(月・日)盤
吉方＝南 30°　北 30°
南東 60°

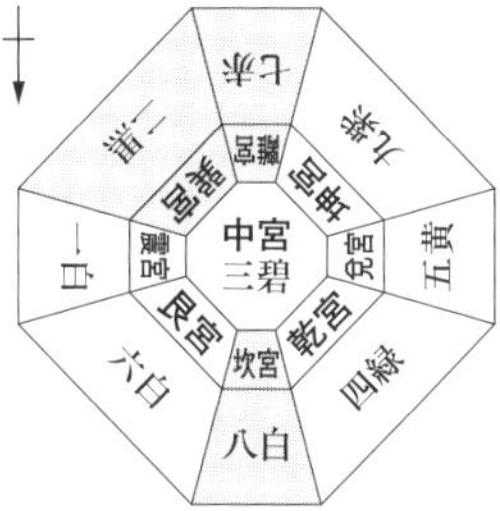

六白中宮の年(月・日)盤
吉方＝西 30°　北 30°
南 30°（定位対冲）

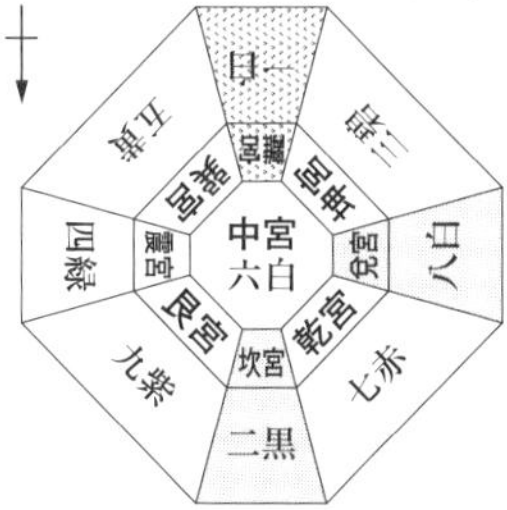

二黒中宮の年(月・日)盤
吉方＝南東 60°

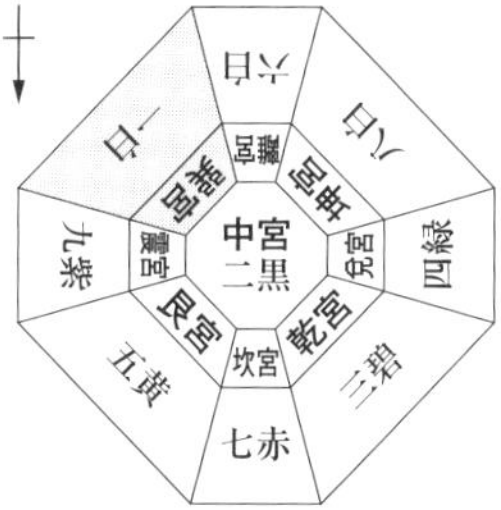

五黄中宮の年(月・日)盤
吉方＝南西 60°　西 30°
北 30°　北東 60°

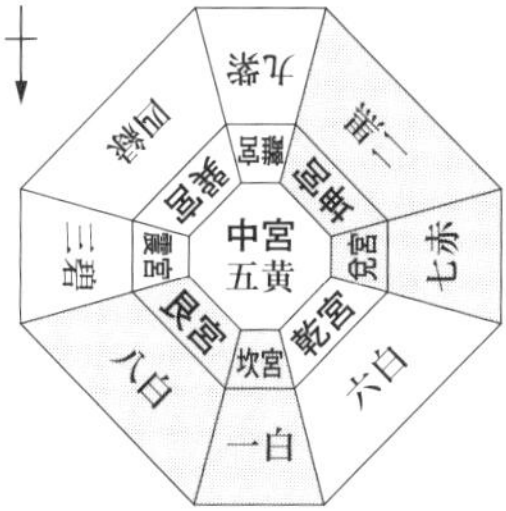

一白中宮の年(月・日)盤
吉方＝南西 60°　北西 60°
東 30°

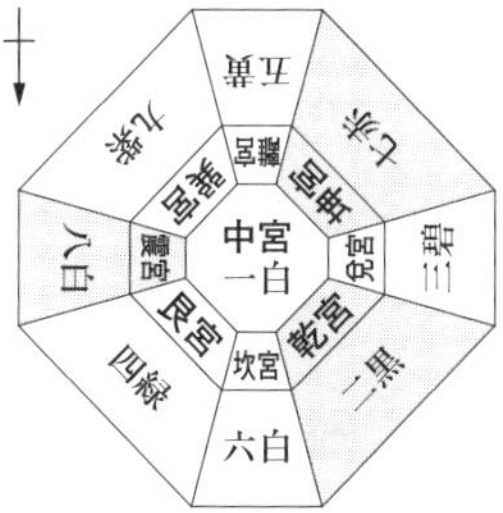

四緑中宮の年(月・日)盤
吉方＝南 30°　南西 60°
北東 60°

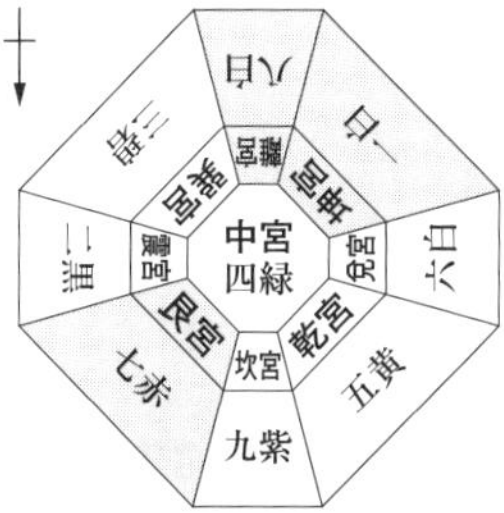

本命星・七赤金星の吉方表

注意

●表中の薄アミがかかった宮が吉方です。ただし、定位対冲の方位は、起死回生をねらうような特別の場合以外にはつかえません。（本文・三章「気学祐気法が明かす幸運の方位」参照）。また、定位対冲の方位は、年・月・日（または年・月、月・日）のかさなりで用いることはできません。

●たとえこの表で吉方になっていても、破がつけば凶方となってつかえません。破とは、その年（月・日）の十二支の正反対の方位です。十二支の方位は、定位盤に示されています。

たとえば二〇一九年・亥年の歳破は、亥・北西60°の正反対の巳・南東60°となります。

九紫中宮の年（月・日）盤

吉方＝南西60°　北西60°
南東60°

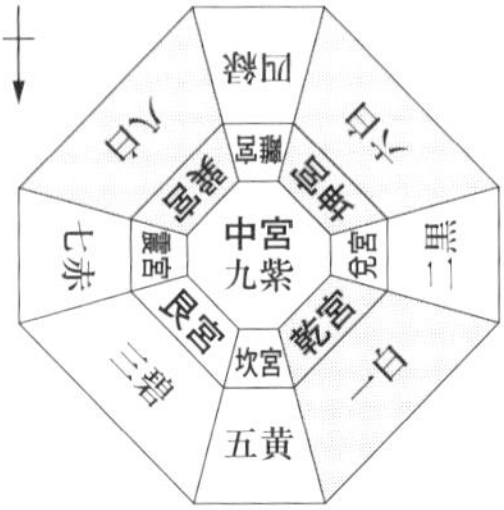

八白中宮の年（月・日）盤

吉方＝西30°　東30°

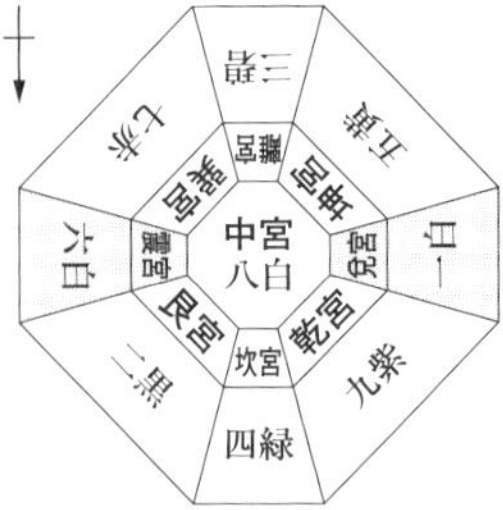

七赤中宮の年（月・日）盤

吉方＝南30°　北西60°　北東60°
南東60°（定位対冲）

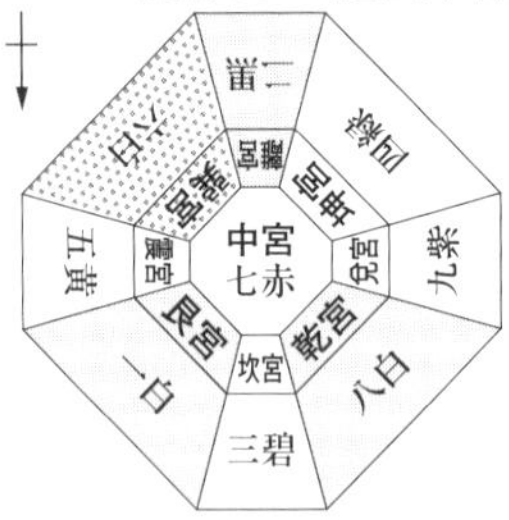

定位盤

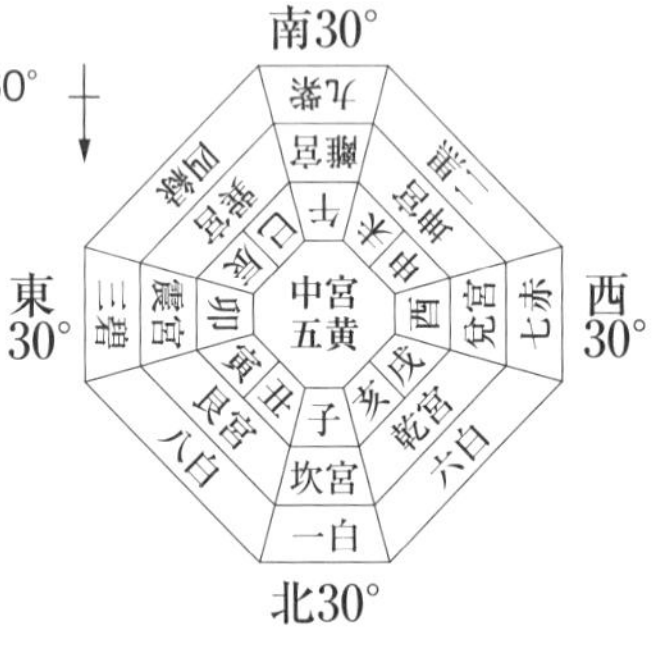

三碧中宮の年（月・日）盤

吉方＝北東 60°　南東 60°

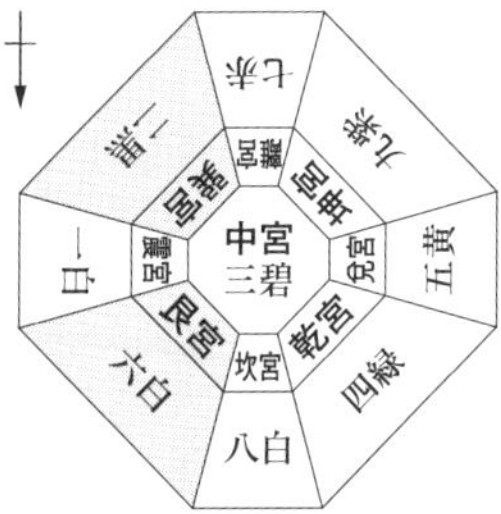

六白中宮の年（月・日）盤

吉方＝西 30°　北 30°
南 30°（定位対冲）

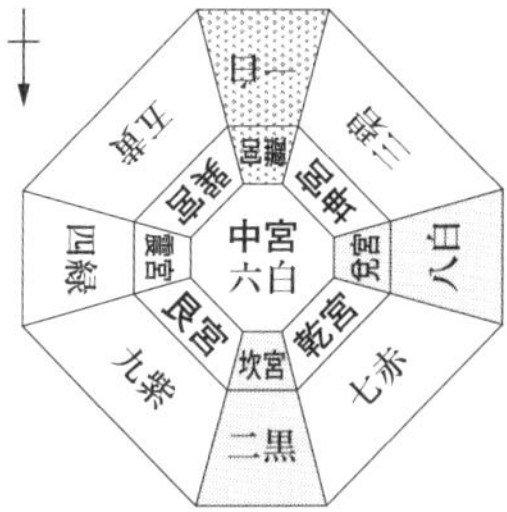

二黒中宮の年（月・日）盤

吉方＝南東 60°

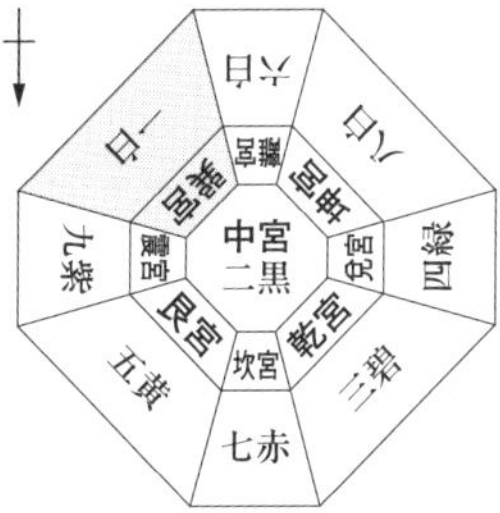

五黄中宮の年（月・日）盤

吉方＝南西 60°　北西 60°
北 30°　北東 60°

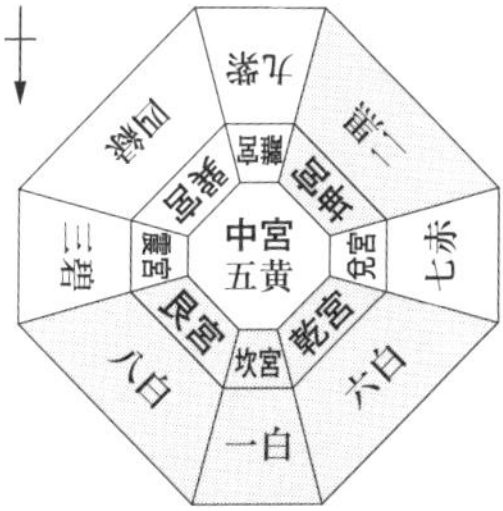

一白中宮の年（月・日）盤

吉方＝北西 60°　東 30°

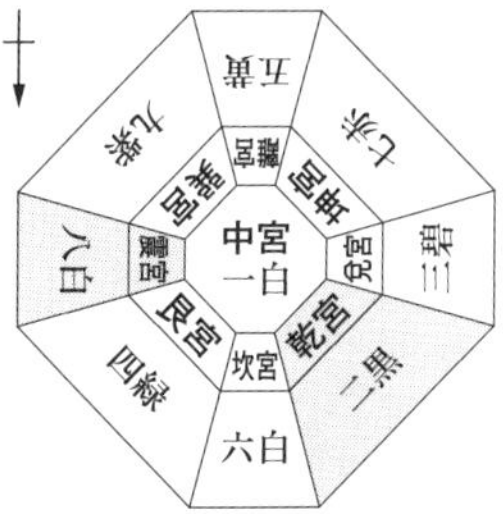

四緑中宮の年（月・日）盤

吉方＝南 30°　西 30°
東 30°

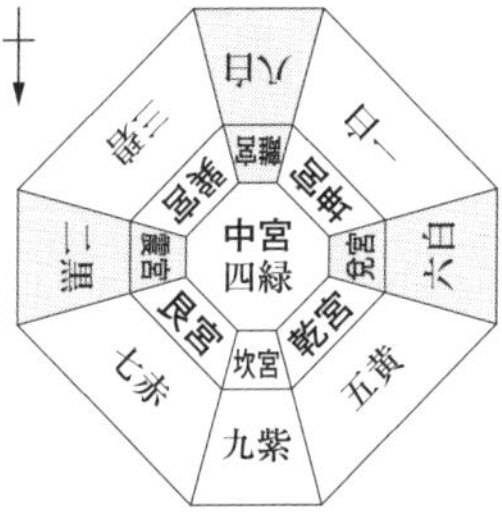

本命星・八白土星の吉方表

注意

●表中の薄アミがかかった宮が吉方です。ただし、定位対冲の方位は、起死回生をねらうような特別の場合以外にはつかえません。（本文・三章「気学祐気法が明かす幸運の方位」参照）。また、定位対冲の方位は、年・月・日（または年・月、月・日）のかさなりで用いることはできません。

●たとえこの表で吉方になっていても、破がつけば凶方となってつかえません。破とは、その年（月・日）の十二支の正反対の方位です。十二支の方位は、定位盤に示されています。

たとえば二〇一九年・亥年の歳破は、亥・北西60°の正反対の巳・南東60°となります。

定位盤

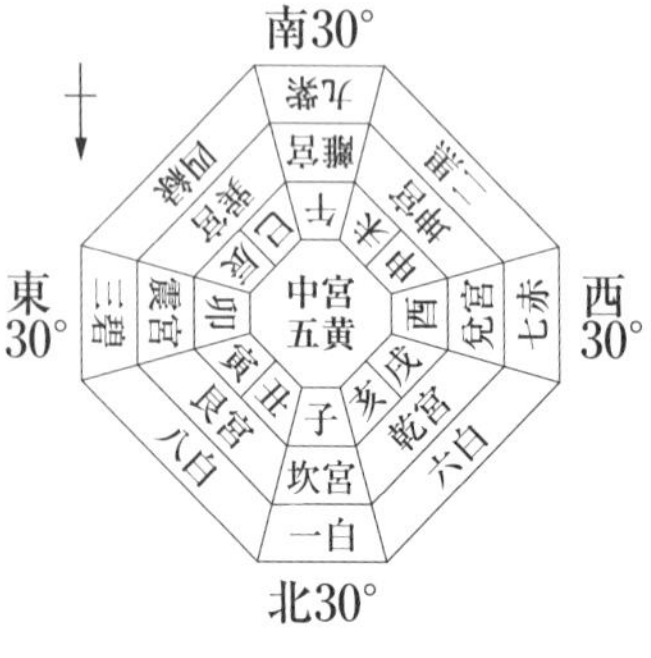

九紫中宮の年（月・日）盤

吉方＝南西 60°　西 30°
東 30°（定位対冲）

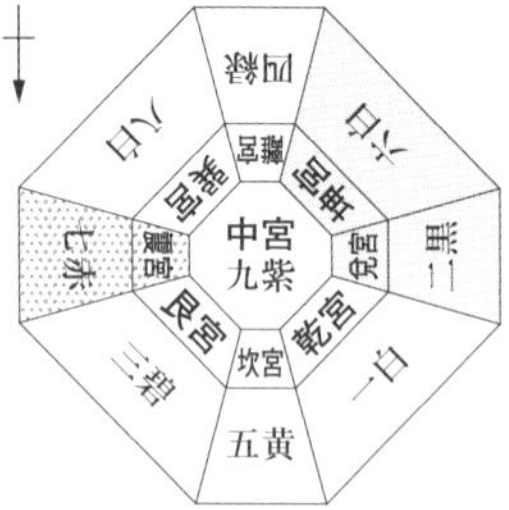

八白中宮の年（月・日）盤

吉方＝北西 60°　東 30°
南東 60°

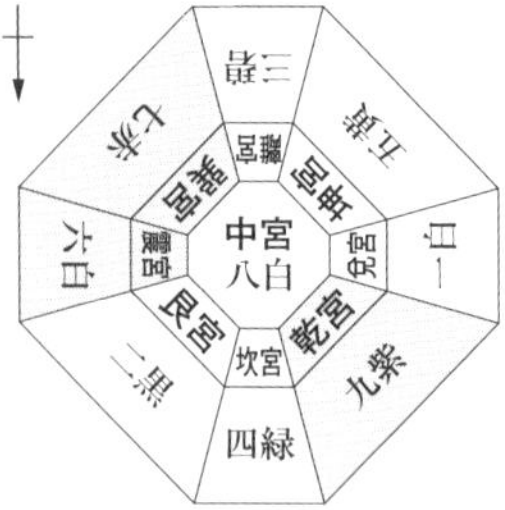

七赤中宮の年（月・日）盤

吉方＝南 30°

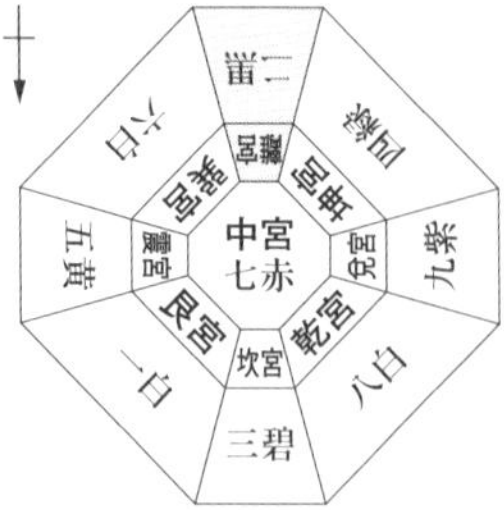

三碧中宮の年(月・日)盤

吉方＝南西 60°　北東 60°
南東 60°

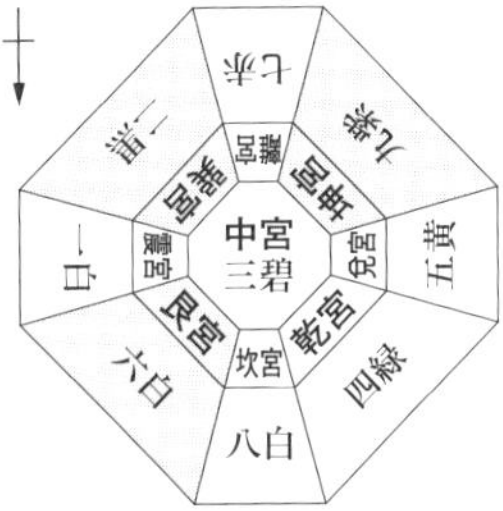

六白中宮の年(月・日)盤

吉方＝北 30°　北東 60°

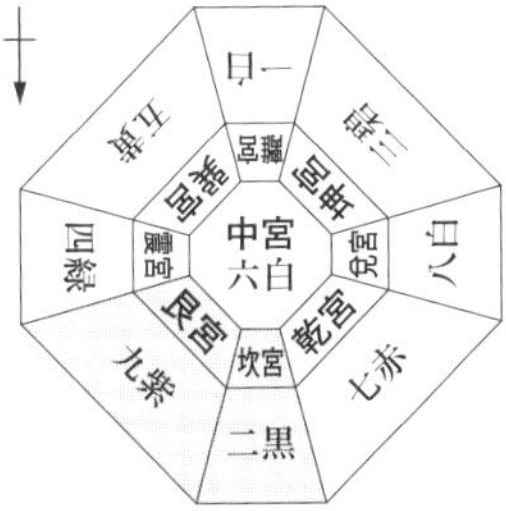

二黒中宮の年(月・日)盤

吉方＝南 30°　北 30°
東 30°

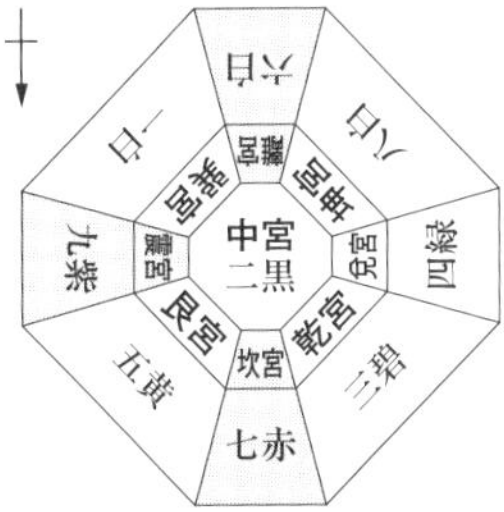

五黄中宮の年(月・日)盤

吉方＝南 30°　西 30°
北西 60°

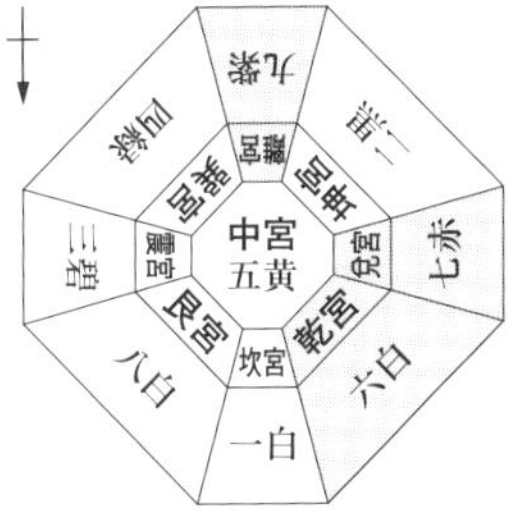

一白中宮の年(月・日)盤

吉方＝南西 60°　北西 60°
南東 60°

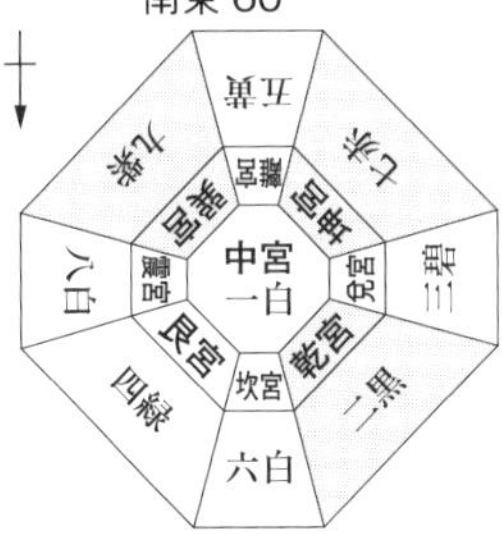

四緑中宮の年(月・日)盤

吉方＝西 30°　北東 60°
東 30°

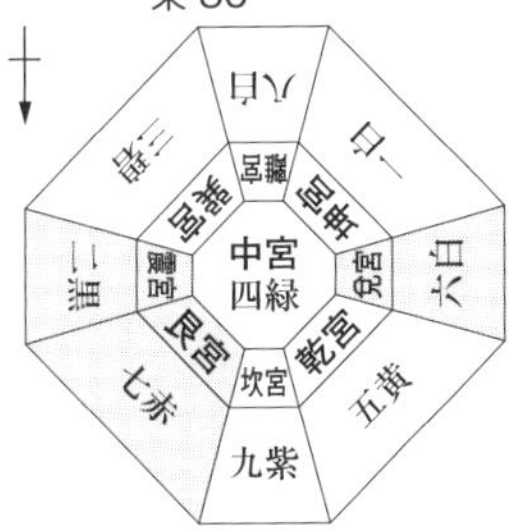

本命星・九紫火星の吉方表

注意

●表中の薄アミがかかった宮が吉方です。ただし、定位対冲の方位は、起死回生をねらうような特別の場合以外にはつかえません。(本文・三章「気学祐気法が明かす幸運の方位」参照)。また、定位対冲の方位は、年・月・日(または年・月、月・日)のかさなりで用いることはできません。

●たとえこの表で吉方になっていても、破がつけば凶方となってつかえません。破とは、その年(月・日)の十二支の正反対の方位です。十二支の方位は、定位盤に示されています。

たとえば二〇一九年・亥年の歳破は、亥・北西60°の正反対の巳・南東60°となります。

九紫中宮の年(月・日)盤

吉方＝西 30°　北東 60°
南東 60°

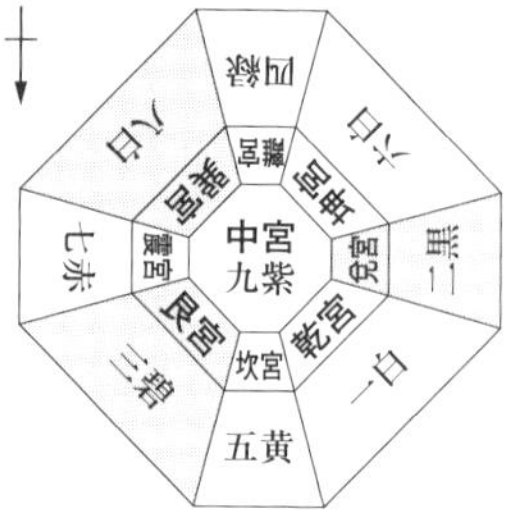

八白中宮の年(月・日)盤

吉方＝南 30°　北 30°

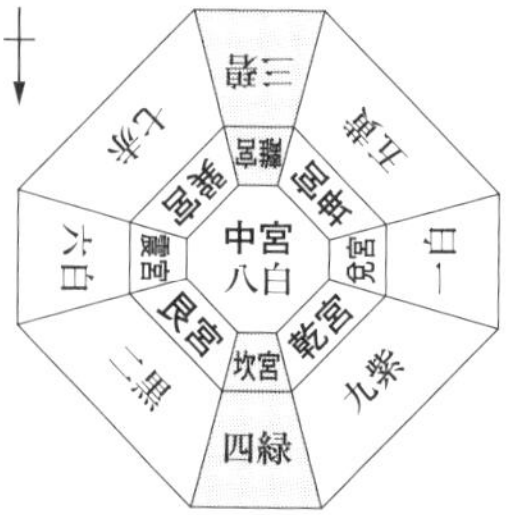

七赤中宮の年(月・日)盤

吉方＝南 30°　南西 60°
北西 60°　北 30°

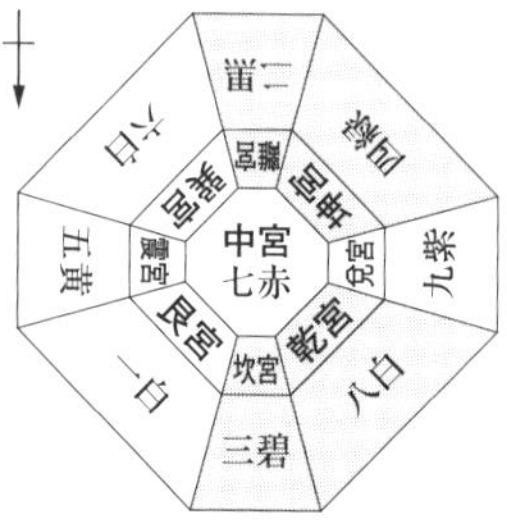

定位盤

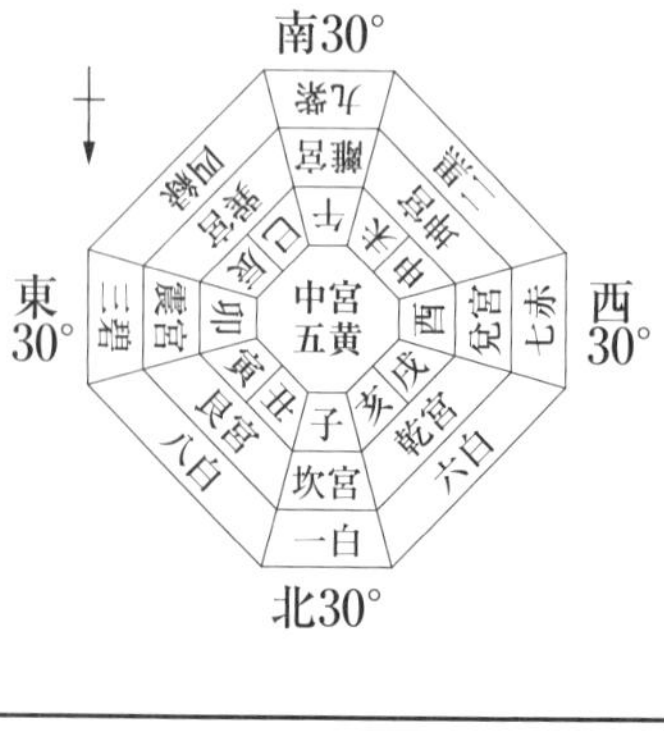

三碧中宮の年(月・日)盤
吉方＝北 30°　南東 60°
北西 60°（定位対冲）

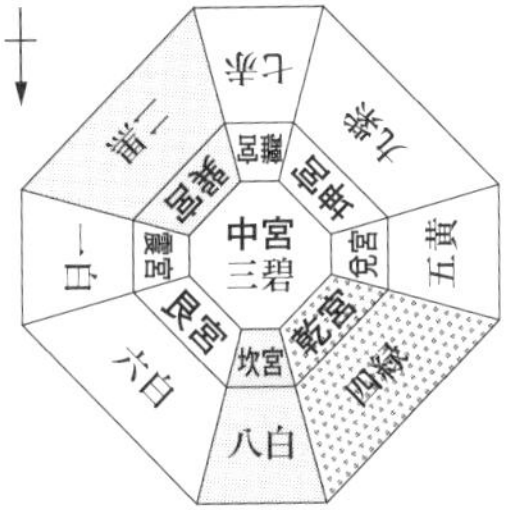

六白中宮の年(月・日)盤
吉方＝西 30°　北 30°
東 30°

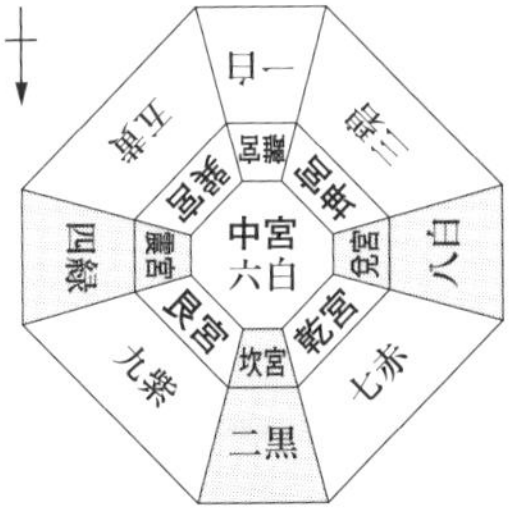

二黒中宮の年(月・日)盤
吉方＝北西 60°

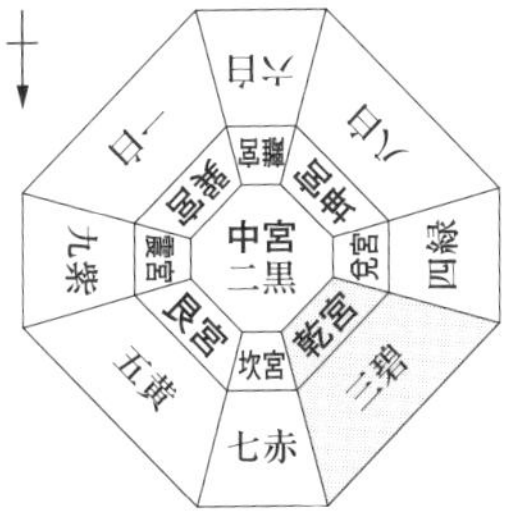

五黄中宮の年(月・日)盤
吉方＝南西 60°　北東 60°
東 30°　南東 60°

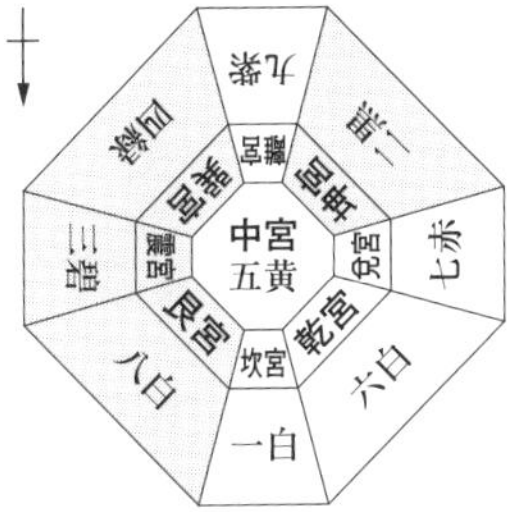

一白中宮の年(月・日)盤
吉方＝北東 60°　東 30°
西 30°（定位対冲）

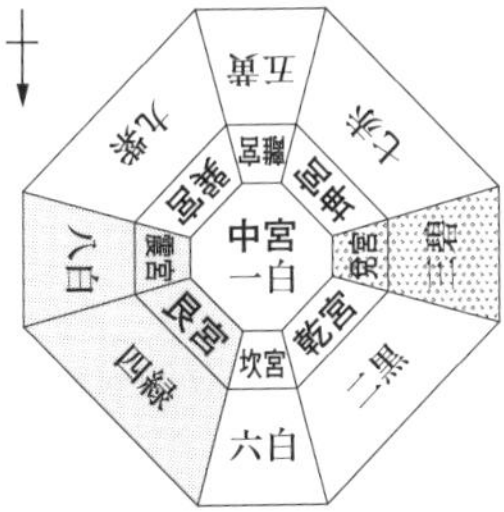

四緑中宮の年(月・日)盤
吉方＝東 30°

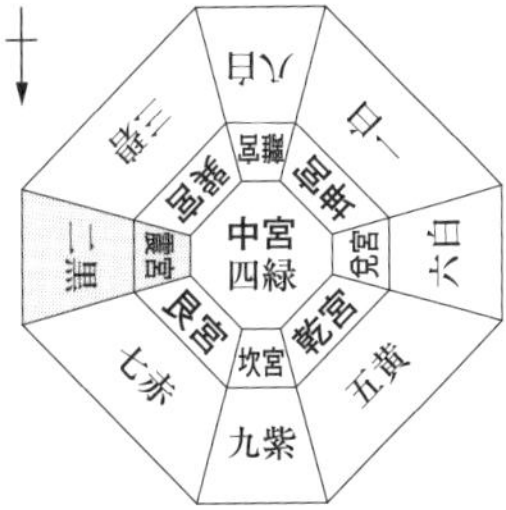

九星循環表（暦）

日＼月	7月	8月	9月	10月	11月	12月
	三碧未	二黒申	一白酉	九紫戌	八白亥	七赤子
1日	二黒丑	七赤申	三碧卯	九紫酉	五黄辰	二黒戌
2日	一白寅	六白酉	二黒辰	八白戌	四緑巳	一白亥
3日	九紫卯	五黄戌	一白巳	七赤亥	三碧午	一白子
4日	八白辰	四緑亥	九紫午	六白子	二黒未	二黒丑
5日	七赤巳	三碧子	八白未	五黄丑	一白申	三碧寅
6日	六白午	二黒丑	七赤申	四緑寅	九紫酉	四緑卯
7日	五黄未	一白寅	六白酉	三碧卯	八白戌	五黄辰
8日	四緑申	九紫卯	五黄戌	二黒辰	七赤亥	六白巳
9日	三碧酉	八白辰	四緑亥	一白巳	六白子	七赤午
10日	二黒戌	七赤巳	三碧子	九紫午	五黄丑	八白未
11日	一白亥	六白午	二黒丑	八白未	四緑寅	九紫申
12日	九紫子	五黄未	一白寅	七赤申	三碧卯	一白酉
13日	八白丑	四緑申	九紫卯	六白酉	二黒辰	二黒戌
14日	七赤寅	三碧酉	八白辰	五黄戌	一白巳	三碧亥
15日	六白卯	二黒戌	七赤巳	四緑亥	九紫午	四緑子
16日	五黄辰	一白亥	六白午	三碧子	八白未	五黄丑
17日	四緑巳	九紫子	五黄未	二黒丑	七赤申	六白寅
18日	三碧午	八白丑	四緑申	一白寅	六白酉	七赤卯
19日	二黒未	七赤寅	三碧酉	九紫卯	五黄戌	八白辰
20日	一白申	六白卯	二黒戌	八白辰	四緑亥	九紫巳
21日	九紫酉	五黄辰	一白亥	七赤巳	三碧子	一白午
22日	八白戌	四緑巳	九紫子	六白午	二黒丑	二黒未
23日	七赤亥	三碧午	八白丑	五黄未	一白寅	三碧申
24日	六白子	二黒未	七赤寅	四緑申	九紫卯	四緑酉
25日	五黄丑	一白申	六白卯	三碧酉	八白辰	五黄戌
26日	四緑寅	九紫酉	五黄辰	二黒戌	七赤巳	六白亥
27日	三碧卯	八白戌	四緑巳	一白亥	六白午	七赤子
28日	二黒辰	七赤亥	三碧午	九紫子	五黄未	八白丑
29日	一白巳	六白子	二黒未	八白丑	四緑申	九紫寅
30日	九紫午	五黄丑	一白申	七赤寅	三碧酉	一白卯
31日	八白未	四緑寅		六白卯		二黒辰

※太線の区切りは「月」の節がわりを示し、線の上側までは前月の中宮星となります。なお、日にちはそのままの九星です。

平成29年（西暦2017年）一白水星・酉

月／日	1月	2月	3月	4月	5月	6月
	九紫丑	八白寅	七赤卯	六白辰	五黄巳	四緑午
1日	七赤子	二黒未	三碧亥	七赤午	一白子	五黄未
2日	八白丑	三碧申	四緑子	八白未	二黒丑	六白申
3日	九紫寅	四緑酉	五黄丑	九紫申	三碧寅	七赤酉
4日	一白卯	五黄戌	六白寅	一白酉	四緑卯	八白戌
5日	二黒辰	六白亥	七赤卯	二黒戌	五黄辰	九紫亥
6日	三碧巳	七赤子	八白辰	三碧亥	六白巳	九紫子
7日	四緑午	八白丑	九紫巳	四緑子	七赤午	八白丑
8日	五黄未	九紫寅	一白午	五黄丑	八白未	七赤寅
9日	六白申	一白卯	二黒未	六白寅	九紫申	六白卯
10日	七赤酉	二黒辰	三碧申	七赤卯	一白酉	五黄辰
11日	八白戌	三碧巳	四緑酉	八白辰	二黒戌	四緑巳
12日	九紫亥	四緑午	五黄戌	九紫巳	三碧亥	三碧午
13日	一白子	五黄未	六白亥	一白午	四緑子	二黒未
14日	二黒丑	六白申	七赤子	二黒未	五黄丑	一白申
15日	三碧寅	七赤酉	八白丑	三碧申	六白寅	九紫酉
16日	四緑卯	八白戌	九紫寅	四緑酉	七赤卯	八白戌
17日	五黄辰	九紫亥	一白卯	五黄戌	八白辰	七赤亥
18日	六白巳	一白子	二黒辰	六白亥	九紫巳	六白子
19日	七赤午	二黒丑	三碧巳	七赤子	一白午	五黄丑
20日	八白未	三碧寅	四緑午	八白丑	二黒未	四緑寅
21日	九紫申	四緑卯	五黄未	九紫寅	三碧申	三碧卯
22日	一白酉	五黄辰	六白申	一白卯	四緑酉	二黒辰
23日	二黒戌	六白巳	七赤酉	二黒辰	五黄戌	一白巳
24日	三碧亥	七赤午	八白戌	三碧巳	六白亥	九紫午
25日	四緑子	八白未	九紫亥	四緑午	七赤子	八白未
26日	五黄丑	九紫申	一白子	五黄未	八白丑	七赤申
27日	六白寅	一白酉	二黒丑	六白申	九紫寅	六白酉
28日	七赤卯	二黒戌	三碧寅	七赤酉	一白卯	五黄戌
29日	八白辰		四緑卯	八白戌	二黒辰	四緑亥
30日	九紫巳		五黄辰	九紫亥	三碧巳	三碧子
31日	一白午		六白巳		四緑午	

九星循環表（暦）

月／日	7月	8月	9月	10月	11月	12月
	九紫未	八白申	七赤酉	六白戌	五黄亥	四緑子
1日	六白午	二黒丑	七赤申	四緑寅	九紫酉	四緑卯
2日	五黄未	一白寅	六白酉	三碧卯	八白戌	五黄辰
3日	四緑申	九紫卯	五黄戌	二黒辰	七赤亥	六白巳
4日	三碧酉	八白辰	四緑亥	一白巳	六白子	七赤午
5日	二黒戌	七赤巳	三碧子	九紫午	五黄丑	八白未
6日	一白亥	六白午	二黒丑	八白未	四緑寅	九紫申
7日	九紫子	五黄未	一白寅	七赤申	三碧卯	一白酉
8日	八白丑	四緑申	九紫卯	六白酉	二黒辰	二黒戌
9日	七赤寅	三碧酉	八白辰	五黄戌	一白巳	三碧亥
10日	六白卯	二黒戌	七赤巳	四緑亥	九紫午	四緑子
11日	五黄辰	一白亥	六白午	三碧子	八白未	五黄丑
12日	四緑巳	九紫子	五黄未	二黒丑	七赤申	六白寅
13日	三碧午	八白丑	四緑申	一白寅	六白酉	七赤卯
14日	二黒未	七赤寅	三碧酉	九紫卯	五黄戌	八白辰
15日	一白申	六白卯	二黒戌	八白辰	四緑亥	九紫巳
16日	九紫酉	五黄辰	一白亥	七赤巳	三碧子	一白午
17日	八白戌	四緑巳	九紫子	六白午	二黒丑	二黒未
18日	七赤亥	三碧午	八白丑	五黄未	一白寅	三碧申
19日	六白子	二黒未	七赤寅	四緑申	九紫卯	四緑酉
20日	五黄丑	一白申	六白卯	三碧酉	八白辰	五黄戌
21日	四緑寅	九紫酉	五黄辰	二黒戌	七赤巳	六白亥
22日	三碧卯	八白戌	四緑巳	一白亥	六白午	七赤子
23日	二黒辰	七赤亥	三碧午	九紫子	五黄未	八白丑
24日	一白巳	六白子	二黒未	八白丑	四緑申	九紫寅
25日	九紫午	五黄丑	一白申	七赤寅	三碧酉	一白卯
26日	八白未	四緑寅	九紫酉	六白卯	二黒戌	二黒辰
27日	七赤申	三碧卯	八白戌	五黄辰	一白亥	三碧巳
28日	六白酉	二黒辰	七赤亥	四緑巳	一白子	四緑午
29日	五黄戌	一白巳	六白子	三碧午	二黒丑	五黄未
30日	四緑亥	九紫午	五黄丑	二黒未	三碧寅	六白申
31日	三碧子	八白未		一白申		七赤酉

※太線の区切りは「月」の節がわりを示し、線の上側までは前月の中宮星となります。なお、日にちはそのままの九星です。

平成30年（西暦2018年）九紫火星・戊

日＼月	1月	2月	3月	4月	5月	6月
	六白丑	五黄寅	四緑卯	三碧辰	二黒巳	一白午
1日	三碧巳	七赤子	八白辰	三碧亥	六白巳	九紫子
2日	四緑午	八白丑	九紫巳	四緑子	七赤午	八白丑
3日	五黄未	九紫寅	一白午	五黄丑	八白未	七赤寅
4日	六白申	一白卯	二黒未	六白寅	九紫申	六白卯
5日	七赤酉	二黒辰	三碧申	七赤卯	一白酉	五黄辰
6日	八白戌	三碧巳	四緑酉	八白辰	二黒戌	四緑巳
7日	九紫亥	四緑午	五黄戌	九紫巳	三碧亥	三碧午
8日	一白子	五黄未	六白亥	一白午	四緑子	二黒未
9日	二黒丑	六白申	七赤子	二黒未	五黄丑	一白申
10日	三碧寅	七赤酉	八白丑	三碧申	六白寅	九紫酉
11日	四緑卯	八白戌	九紫寅	四緑酉	七赤卯	八白戌
12日	五黄辰	九紫亥	一白卯	五黄戌	八白辰	七赤亥
13日	六白巳	一白子	二黒辰	六白亥	九紫巳	六白子
14日	七赤午	二黒丑	三碧巳	七赤子	一白午	五黄丑
15日	八白未	三碧寅	四緑午	八白丑	二黒未	四緑寅
16日	九紫申	四緑卯	五黄未	九紫寅	三碧申	三碧卯
17日	一白酉	五黄辰	六白申	一白卯	四緑酉	二黒辰
18日	二黒戌	六白巳	七赤酉	二黒辰	五黄戌	一白巳
19日	三碧亥	七赤午	八白戌	三碧巳	六白亥	九紫午
20日	四緑子	八白未	九紫亥	四緑午	七赤子	八白未
21日	五黄丑	九紫申	一白子	五黄未	八白丑	七赤申
22日	六白寅	一白酉	二黒丑	六白申	九紫寅	六白酉
23日	七赤卯	二黒戌	三碧寅	七赤酉	一白卯	五黄戌
24日	八白辰	三碧亥	四緑卯	八白戌	二黒辰	四緑亥
25日	九紫巳	四緑子	五黄辰	九紫亥	三碧巳	三碧子
26日	一白午	五黄丑	六白巳	一白子	四緑午	二黒丑
27日	二黒未	六白寅	七赤午	二黒丑	五黄未	一白寅
28日	三碧申	七赤卯	八白未	三碧寅	六白申	九紫卯
29日	四緑酉		九紫申	四緑卯	七赤酉	八白辰
30日	五黄戌		一白酉	五黄辰	八白戌	七赤巳
31日	六白亥		二黒戌		九紫亥	

九星循環表（暦）

日＼月	7月	8月	9月	10月	11月	12月
	六白未	五黄申	四緑酉	三碧戌	二黒亥	一白子
1日	一白亥	六白午	二黒丑	八白未	四緑寅	九紫申
2日	九紫子	五黄未	一白寅	七赤申	三碧卯	一白酉
3日	八白丑	四緑申	九紫卯	六白酉	二黒辰	二黒戌
4日	七赤寅	三碧酉	八白辰	五黄戌	一白巳	三碧亥
5日	六白卯	二黒戌	七赤巳	四緑亥	九紫午	四緑子
6日	五黄辰	一白亥	六白午	三碧子	八白未	五黄丑
7日	四緑巳	九紫子	五黄未	二黒丑	七赤申	六白寅
8日	三碧午	八白丑	四緑申	一白寅	六白酉	七赤卯
9日	二黒未	七赤寅	三碧酉	九紫卯	五黄戌	八白辰
10日	一白申	六白卯	二黒戌	八白辰	四緑亥	九紫巳
11日	九紫酉	五黄辰	一白亥	七赤巳	三碧子	一白午
12日	八白戌	四緑巳	九紫子	六白午	二黒丑	二黒未
13日	七赤亥	三碧午	八白丑	五黄未	一白寅	三碧申
14日	六白子	二黒未	七赤寅	四緑申	九紫卯	四緑酉
15日	五黄丑	一白申	六白卯	三碧酉	八白辰	五黄戌
16日	四緑寅	九紫酉	五黄辰	二黒戌	七赤巳	六白亥
17日	三碧卯	八白戌	四緑巳	一白亥	六白午	七赤子
18日	二黒辰	七赤亥	三碧午	九紫子	五黄未	八白丑
19日	一白巳	六白子	二黒未	八白丑	四緑申	九紫寅
20日	九紫午	五黄丑	一白申	七赤寅	三碧酉	一白卯
21日	八白未	四緑寅	九紫酉	六白卯	二黒戌	二黒辰
22日	七赤申	三碧卯	八白戌	五黄辰	一白亥	三碧巳
23日	六白酉	二黒辰	七赤亥	四緑巳	一白子	四緑午
24日	五黄戌	一白巳	六白子	三碧午	二黒丑	五黄未
25日	四緑亥	九紫午	五黄丑	二黒未	三碧寅	六白申
26日	三碧子	八白未	四緑寅	一白申	四緑卯	七赤酉
27日	二黒丑	七赤申	三碧卯	九紫酉	五黄辰	八白戌
28日	一白寅	六白酉	二黒辰	八白戌	六白巳	九紫亥
29日	九紫卯	五黄戌	一白巳	七赤亥	七赤午	一白子
30日	八白辰	四緑亥	九紫午	六白子	八白未	二黒丑
31日	七赤巳	三碧子		五黄丑		三碧寅

※太線の区切りは「月」の節がわりを示し、線の上側までは前月の中宮星となります。なお、日にちはそのままの九星です。

平成31年（西暦2019年）八白土星・亥

月／日	1月	2月	3月	4月	5月	6月
	三碧丑	二黒寅	一白卯	九紫辰	八白巳	七赤午
1日	八白戌	三碧巳	四緑酉	八白辰	二黒戌	四緑巳
2日	九紫亥	四緑午	五黄戌	九紫巳	三碧亥	三碧午
3日	一白子	五黄未	六白亥	一白午	四緑子	二黒未
4日	二黒丑	六白申	七赤子	二黒未	五黄丑	一白申
5日	三碧寅	七赤酉	八白丑	三碧申	六白寅	九紫酉
6日	四緑卯	八白戌	九紫寅	四緑酉	七赤卯	八白戌
7日	五黄辰	九紫亥	一白卯	五黄戌	八白辰	七赤亥
8日	六白巳	一白子	二黒辰	六白亥	九紫巳	六白子
9日	七赤午	二黒丑	三碧巳	七赤子	一白午	五黄丑
10日	八白未	三碧寅	四緑午	八白丑	二黒未	四緑寅
11日	九紫申	四緑卯	五黄未	九紫寅	三碧申	三碧卯
12日	一白酉	五黄辰	六白申	一白卯	四緑酉	二黒辰
13日	二黒戌	六白巳	七赤酉	二黒辰	五黄戌	一白巳
14日	三碧亥	七赤午	八白戌	三碧巳	六白亥	九紫午
15日	四緑子	八白未	九紫亥	四緑午	七赤子	八白未
16日	五黄丑	九紫申	一白子	五黄未	八白丑	七赤申
17日	六白寅	一白酉	二黒丑	六白申	九紫寅	六白酉
18日	七赤卯	二黒戌	三碧寅	七赤酉	一白卯	五黄戌
19日	八白辰	三碧亥	四緑卯	八白戌	二黒辰	四緑亥
20日	九紫巳	四緑子	五黄辰	九紫亥	三碧巳	三碧子
21日	一白午	五黄丑	六白巳	一白子	四緑午	二黒丑
22日	二黒未	六白寅	七赤午	二黒丑	五黄未	一白寅
23日	三碧申	七赤卯	八白未	三碧寅	六白申	九紫卯
24日	四緑酉	八白辰	九紫申	四緑卯	七赤酉	八白辰
25日	五黄戌	九紫巳	一白酉	五黄辰	八白戌	七赤巳
26日	六白亥	一白午	二黒戌	六白巳	九紫亥	六白午
27日	七赤子	二黒未	三碧亥	七赤午	九紫子	五黄未
28日	八白丑	三碧申	四緑子	八白未	八白丑	四緑申
29日	九紫寅		五黄丑	九紫申	七赤寅	三碧酉
30日	一白卯		六白寅	一白酉	六白卯	二黒戌
31日	二黒辰		七赤卯		五黄辰	

九星循環表（暦）

日＼月	7月	8月	9月	10月	11月	12月
	三碧未	二黒申	一白酉	九紫戌	八白亥	七赤子
1日	一白巳	六白子	二黒未	八白丑	四緑申	一白寅
2日	九紫午	五黄丑	一白申	七赤寅	三碧酉	九紫卯
3日	八白未	四緑寅	九紫酉	六白卯	二黒戌	八白辰
4日	七赤申	三碧卯	八白戌	五黄辰	一白亥	七赤巳
5日	六白酉	二黒辰	七赤亥	四緑巳	九紫子	六白午
6日	五黄戌	一白巳	六白子	三碧午	八白丑	五黄未
7日	四緑亥	九紫午	五黄丑	二黒未	七赤寅	四緑申
8日	三碧子	八白未	四緑寅	一白申	六白卯	三碧酉
9日	二黒丑	七赤申	三碧卯	九紫酉	五黄辰	二黒戌
10日	一白寅	六白酉	二黒辰	八白戌	四緑巳	一白亥
11日	九紫卯	五黄戌	一白巳	七赤亥	三碧午	九紫子
12日	八白辰	四緑亥	九紫午	六白子	二黒未	八白丑
13日	七赤巳	三碧子	八白未	五黄丑	一白申	七赤寅
14日	六白午	二黒丑	七赤申	四緑寅	九紫酉	六白卯
15日	五黄未	一白寅	六白酉	三碧卯	八白戌	五黄辰
16日	四緑申	九紫卯	五黄戌	二黒辰	七赤亥	四緑巳
17日	三碧酉	八白辰	四緑亥	一白巳	六白子	三碧午
18日	二黒戌	七赤巳	三碧子	九紫午	五黄丑	二黒未
19日	一白亥	六白午	二黒丑	八白未	四緑寅	一白申
20日	九紫子	五黄未	一白寅	七赤申	三碧卯	九紫酉
21日	八白丑	四緑申	九紫卯	六白酉	二黒辰	八白戌
22日	七赤寅	三碧酉	八白辰	五黄戌	一白巳	七赤亥
23日	六白卯	二黒戌	七赤巳	四緑亥	九紫午	六白子
24日	五黄辰	一白亥	六白午	三碧子	八白未	五黄丑
25日	四緑巳	九紫子	五黄未	二黒丑	七赤申	四緑寅
26日	三碧午	八白丑	四緑申	一白寅	六白酉	三碧卯
27日	二黒未	七赤寅	三碧酉	九紫卯	五黄戌	二黒辰
28日	一白申	六白卯	二黒戌	八白辰	四緑亥	一白巳
29日	九紫酉	五黄辰	一白亥	七赤巳	三碧子	九紫午
30日	八白戌	四緑巳	九紫子	六白午	二黒丑	八白未
31日	七赤亥	三碧午		五黄未		七赤申

※太線の区切りは「月」の節がわりを示し、線の上側までは前月の中宮星となります。なお、日にちはそのままの九星です。

平成32年（西暦2020年）七赤金星・子

日＼月	1月	2月	3月	4月	5月	6月
	九紫丑	八白寅	七赤卯	六白辰	五黄巳	四緑午
1日	四緑卯	八白戌	一白卯	五黄戌	八白辰	三碧亥
2日	五黄辰	九紫亥	二黒辰	六白亥	九紫巳	四緑子
3日	六白巳	一白子	三碧巳	七赤子	一白午	五黄丑
4日	七赤午	二黒丑	四緑午	八白丑	二黒未	六白寅
5日	八白未	三碧寅	五黄未	九紫寅	三碧申	七赤卯
6日	九紫申	四緑卯	六白申	一白卯	四緑酉	八白辰
7日	一白酉	五黄辰	七赤酉	二黒辰	五黄戌	九紫巳
8日	二黒戌	六白巳	八白戌	三碧巳	六白亥	一白午
9日	三碧亥	七赤午	九紫亥	四緑午	七赤子	二黒未
10日	四緑子	八白未	一白子	五黄未	八白丑	三碧申
11日	五黄丑	九紫申	二黒丑	六白申	九紫寅	四緑酉
12日	六白寅	一白酉	三碧寅	七赤酉	一白卯	五黄戌
13日	七赤卯	二黒戌	四緑卯	八白戌	二黒辰	六白亥
14日	八白辰	三碧亥	五黄辰	九紫亥	三碧巳	七赤子
15日	九紫巳	四緑子	六白巳	一白子	四緑午	八白丑
16日	一白午	五黄丑	七赤午	二黒丑	五黄未	九紫寅
17日	二黒未	六白寅	八白未	三碧寅	六白申	一白卯
18日	三碧申	七赤卯	九紫申	四緑卯	七赤酉	二黒辰
19日	四緑酉	八白辰	一白酉	五黄辰	八白戌	三碧巳
20日	五黄戌	九紫巳	二黒戌	六白巳	九紫亥	三碧午
21日	六白亥	一白午	三碧亥	七赤午	一白子	二黒未
22日	七赤子	二黒未	四緑子	八白未	二黒丑	一白申
23日	八白丑	三碧申	五黄丑	九紫申	三碧寅	九紫酉
24日	九紫寅	四緑酉	六白寅	一白酉	四緑卯	八白戌
25日	一白卯	五黄戌	七赤卯	二黒戌	五黄辰	七赤亥
26日	二黒辰	六白亥	八白辰	三碧亥	六白巳	六白子
27日	三碧巳	七赤子	九紫巳	四緑子	七赤午	五黄丑
28日	四緑午	八白丑	一白午	五黄丑	八白未	四緑寅
29日	五黄未	九紫寅	二黒未	六白寅	九紫申	三碧卯
30日	六白申		三碧申	七赤卯	一白酉	二黒辰
31日	七赤酉		四緑酉		二黒戌	

九星循環表（暦）

月／日	7月	8月	9月	10月	11月	12月
	九紫未	八白申	七赤酉	六白戌	五黄亥	四緑子
1日	五黄戌	一白巳	六白子	三碧午	八白丑	五黄未
2日	六白亥	九紫午	五黄丑	二黒未	七赤寅	四緑申
3日	七赤子	八白未	四緑寅	一白申	六白卯	三碧酉
4日	八白丑	七赤申	三碧卯	九紫酉	五黄辰	二黒戌
5日	九紫寅	六白酉	二黒辰	八白戌	四緑巳	一白亥
6日	一白卯	五黄戌	一白巳	七赤亥	三碧午	九紫子
7日	二黒辰	四緑亥	九紫午	六白子	二黒未	八白丑
8日	三碧巳	三碧子	八白未	五黄丑	一白申	七赤寅
9日	四緑午	二黒丑	七赤申	四緑寅	九紫酉	六白卯
10日	五黄未	一白寅	六白酉	三碧卯	八白戌	五黄辰
11日	六白申	九紫卯	五黄戌	二黒辰	七赤亥	四緑巳
12日	七赤酉	八白辰	四緑亥	一白巳	六白子	三碧午
13日	八白戌	七赤巳	三碧子	九紫午	五黄丑	二黒未
14日	九紫亥	六白午	二黒丑	八白未	四緑寅	一白申
15日	九紫子	五黄未	一白寅	七赤申	三碧卯	九紫酉
16日	八白丑	四緑申	九紫卯	六白酉	二黒辰	八白戌
17日	七赤寅	三碧酉	八白辰	五黄戌	一白巳	七赤亥
18日	六白卯	二黒戌	七赤巳	四緑亥	九紫午	六白子
19日	五黄辰	一白亥	六白午	三碧子	八白未	五黄丑
20日	四緑巳	九紫子	五黄未	二黒丑	七赤申	四緑寅
21日	三碧午	八白丑	四緑申	一白寅	六白酉	三碧卯
22日	二黒未	七赤寅	三碧酉	九紫卯	五黄戌	二黒辰
23日	一白申	六白卯	二黒戌	八白辰	四緑亥	一白巳
24日	九紫酉	五黄辰	一白亥	七赤巳	三碧子	九紫午
25日	八白戌	四緑巳	九紫子	六白午	二黒丑	八白未
26日	七赤亥	三碧午	八白丑	五黄未	一白寅	七赤申
27日	六白子	二黒未	七赤寅	四緑申	九紫卯	六白酉
28日	五黄丑	一白申	六白卯	三碧酉	八白辰	五黄戌
29日	四緑寅	九紫酉	五黄辰	二黒戌	七赤巳	四緑亥
30日	三碧卯	八白戌	四緑巳	一白亥	六白午	三碧子
31日	二黒辰	七赤亥		九紫子		二黒丑

※太線の区切りは「月」の節がわりを示し、線の上側までは前月の中宮星となります。なお、日にちはそのままの九星です。

平成33年（西暦2021年）六白金星・丑

月 日	1月 六白丑	2月 五黄寅	3月 四緑卯	4月 三碧辰	5月 二黒巳	6月 一白午
1日	六白酉	八白辰	九紫申	四緑卯	七赤酉	二黒辰
2日	五黄戌	九紫巳	一白酉	五黄辰	八白戌	三碧巳
3日	四緑亥	一白午	二黒戌	六白巳	九紫亥	四緑午
4日	三碧子	二黒未	三碧亥	七赤午	一白子	五黄未
5日	二黒丑	三碧申	四緑子	八白未	二黒丑	六白申
6日	一白寅	四緑酉	五黄丑	九紫申	三碧寅	七赤酉
7日	九紫卯	五黄戌	六白寅	一白酉	四緑卯	八白戌
8日	八白辰	六白亥	七赤卯	二黒戌	五黄辰	九紫亥
9日	七赤巳	七赤子	八白辰	三碧亥	六白巳	一白子
10日	六白午	八白丑	九紫巳	四緑子	七赤午	二黒丑
11日	五黄未	九紫寅	一白午	五黄丑	八白未	三碧寅
12日	四緑申	一白卯	二黒未	六白寅	九紫申	四緑卯
13日	三碧酉	二黒辰	三碧申	七赤卯	一白酉	五黄辰
14日	二黒戌	三碧巳	四緑酉	八白辰	二黒戌	六白巳
15日	一白亥	四緑午	五黄戌	九紫巳	三碧亥	七赤午
16日	一白子	五黄未	六白亥	一白午	四緑子	八白未
17日	二黒丑	六白申	七赤子	二黒未	五黄丑	九紫申
18日	三碧寅	七赤酉	八白丑	三碧申	六白寅	一白酉
19日	四緑卯	八白戌	九紫寅	四緑酉	七赤卯	二黒戌
20日	五黄辰	九紫亥	一白卯	五黄戌	八白辰	三碧亥
21日	六白巳	一白子	二黒辰	六白亥	九紫巳	四緑子
22日	七赤午	二黒丑	三碧巳	七赤子	一白午	五黄丑
23日	八白未	三碧寅	四緑午	八白丑	二黒未	六白寅
24日	九紫申	四緑卯	五黄未	九紫寅	三碧申	七赤卯
25日	一白酉	五黄辰	六白申	一白卯	四緑酉	八白辰
26日	二黒戌	六白巳	七赤酉	二黒辰	五黄戌	九紫巳
27日	三碧亥	七赤午	八白戌	三碧巳	六白亥	一白午
28日	四緑子	八白未	九紫亥	四緑午	七赤子	二黒未
29日	五黄丑		一白子	五黄未	八白丑	三碧申
30日	六白寅		二黒丑	六白申	九紫寅	四緑酉
31日	七赤卯		三碧寅		一白卯	

九星循環表（暦）

月／日	7月	8月	9月	10月	11月	12月
	六白未	五黄申	四緑酉	三碧戌	二黒亥	一白子
1日	一白卯	五黄戌	一白巳	七赤亥	三碧午	九紫子
2日	二黒辰	四緑亥	九紫午	六白子	二黒未	八白丑
3日	三碧巳	三碧子	八白未	五黄丑	一白申	七赤寅
4日	四緑午	二黒丑	七赤申	四緑寅	九紫酉	六白卯
5日	五黄未	一白寅	六白酉	三碧卯	八白戌	五黄辰
6日	六白申	九紫卯	五黄戌	二黒辰	七赤亥	四緑巳
7日	七赤酉	八白辰	四緑亥	一白巳	六白子	三碧午
8日	八白戌	七赤巳	三碧子	九紫午	五黄丑	二黒未
9日	九紫亥	六白午	二黒丑	八白未	四緑寅	一白申
10日	九紫子	五黄未	一白寅	七赤申	三碧卯	九紫酉
11日	八白丑	四緑申	九紫卯	六白酉	二黒辰	八白戌
12日	七赤寅	三碧酉	八白辰	五黄戌	一白巳	七赤亥
13日	六白卯	二黒戌	七赤巳	四緑亥	九紫午	六白子
14日	五黄辰	一白亥	六白午	三碧子	八白未	五黄丑
15日	四緑巳	九紫子	五黄未	二黒丑	七赤申	四緑寅
16日	三碧午	八白丑	四緑申	一白寅	六白酉	三碧卯
17日	二黒未	七赤寅	三碧酉	九紫卯	五黄戌	二黒辰
18日	一白申	六白卯	二黒戌	八白辰	四緑亥	一白巳
19日	九紫酉	五黄辰	一白亥	七赤巳	三碧子	九紫午
20日	八白戌	四緑巳	九紫子	六白午	二黒丑	八白未
21日	七赤亥	三碧午	八白丑	五黄未	一白寅	七赤申
22日	六白子	二黒未	七赤寅	四緑申	九紫卯	六白酉
23日	五黄丑	一白申	六白卯	三碧酉	八白辰	五黄戌
24日	四緑寅	九紫酉	五黄辰	二黒戌	七赤巳	四緑亥
25日	三碧卯	八白戌	四緑巳	一白亥	六白午	三碧子
26日	二黒辰	七赤亥	三碧午	九紫子	五黄未	二黒丑
27日	一白巳	六白子	二黒未	八白丑	四緑申	一白寅
28日	九紫午	五黄丑	一白申	七赤寅	三碧酉	九紫卯
29日	八白未	四緑寅	九紫酉	六白卯	二黒戌	八白辰
30日	七赤申	三碧卯	八白戌	五黄辰	一白亥	七赤巳
31日	六白酉	二黒辰		四緑巳		六白午

※太線の区切りは「月」の節がわりを示し、線の上側までは前月の中宮星となります。なお、日にちはそのままの九星です。

平成34年（西暦2022年）五黄土星・寅

月／日	1月	2月	3月	4月	5月	6月
	三碧丑	二黒寅	一白卯	九紫辰	八白巳	七赤午
1日	一白寅	四緑酉	五黄丑	九紫申	三碧寅	七赤酉
2日	九紫卯	五黄戌	六白寅	一白酉	四緑卯	八白戌
3日	八白辰	六白亥	七赤卯	二黒戌	五黄辰	九紫亥
4日	七赤巳	七赤子	八白辰	三碧亥	六白巳	一白子
5日	六白午	八白丑	九紫巳	四緑子	七赤午	二黒丑
6日	五黄未	九紫寅	一白午	五黄丑	八白未	三碧寅
7日	四緑申	一白卯	二黒未	六白寅	九紫申	四緑卯
8日	三碧酉	二黒辰	三碧申	七赤卯	一白酉	五黄辰
9日	二黒戌	三碧巳	四緑酉	八白辰	二黒戌	六白巳
10日	一白亥	四緑午	五黄戌	九紫巳	三碧亥	七赤午
11日	一白子	五黄未	六白亥	一白午	四緑子	八白未
12日	二黒丑	六白申	七赤子	二黒未	五黄丑	九紫申
13日	三碧寅	七赤酉	八白丑	三碧申	六白寅	一白酉
14日	四緑卯	八白戌	九紫寅	四緑酉	七赤卯	二黒戌
15日	五黄辰	九紫亥	一白卯	五黄戌	八白辰	三碧亥
16日	六白巳	一白子	二黒辰	六白亥	九紫巳	四緑子
17日	七赤午	二黒丑	三碧巳	七赤子	一白午	五黄丑
18日	八白未	三碧寅	四緑午	八白丑	二黒未	六白寅
19日	九紫申	四緑卯	五黄未	九紫寅	三碧申	七赤卯
20日	一白酉	五黄辰	六白申	一白卯	四緑酉	八白辰
21日	二黒戌	六白巳	七赤酉	二黒辰	五黄戌	九紫巳
22日	三碧亥	七赤午	八白戌	三碧巳	六白亥	一白午
23日	四緑子	八白未	九紫亥	四緑午	七赤子	二黒未
24日	五黄丑	九紫申	一白子	五黄未	八白丑	三碧申
25日	六白寅	一白酉	二黒丑	六白申	九紫寅	四緑酉
26日	七赤卯	二黒戌	三碧寅	七赤酉	一白卯	五黄戌
27日	八白辰	三碧亥	四緑卯	八白戌	二黒辰	六白亥
28日	九紫巳	四緑子	五黄辰	九紫亥	三碧巳	七赤子
29日	一白午		六白巳	一白子	四緑午	八白丑
30日	二黒未		七赤午	二黒丑	五黄未	九紫寅
31日	三碧申		八白未		六白申	

九星循環表（暦）

日＼月	7月	8月	9月	10月	11月	12月
	三碧未	二黒申	一白酉	九紫戌	八白亥	七赤子
1日	六白申	九紫卯	五黄戌	二黒辰	七赤亥	四緑巳
2日	七赤酉	八白辰	四緑亥	一白巳	六白子	三碧午
3日	八白戌	七赤巳	三碧子	九紫午	五黄丑	二黒未
4日	九紫亥	六白午	二黒丑	八白未	四緑寅	一白申
5日	九紫子	五黄未	一白寅	七赤申	三碧卯	九紫酉
6日	八白丑	四緑申	九紫卯	六白酉	二黒辰	八白戌
7日	七赤寅	三碧酉	八白辰	五黄戌	一白巳	七赤亥
8日	六白卯	二黒戌	七赤巳	四緑亥	九紫午	六白子
9日	五黄辰	一白亥	六白午	三碧子	八白未	五黄丑
10日	四緑巳	九紫子	五黄未	二黒丑	七赤申	四緑寅
11日	三碧午	八白丑	四緑申	一白寅	六白酉	三碧卯
12日	二黒未	七赤寅	三碧酉	九紫卯	五黄戌	二黒辰
13日	一白申	六白卯	二黒戌	八白辰	四緑亥	一白巳
14日	九紫酉	五黄辰	一白亥	七赤巳	三碧子	九紫午
15日	八白戌	四緑巳	九紫子	六白午	二黒丑	八白未
16日	七赤亥	三碧午	八白丑	五黄未	一白寅	七赤申
17日	六白子	二黒未	七赤寅	四緑申	九紫卯	六白酉
18日	五黄丑	一白申	六白卯	三碧酉	八白辰	五黄戌
19日	四緑寅	九紫酉	五黄辰	二黒戌	七赤巳	四緑亥
20日	三碧卯	八白戌	四緑巳	一白亥	六白午	三碧子
21日	二黒辰	七赤亥	三碧午	九紫子	五黄未	二黒丑
22日	一白巳	六白子	二黒未	八白丑	四緑申	一白寅
23日	九紫午	五黄丑	一白申	七赤寅	三碧酉	九紫卯
24日	八白未	四緑寅	九紫酉	六白卯	二黒戌	八白辰
25日	七赤申	三碧卯	八白戌	五黄辰	一白亥	七赤巳
26日	六白酉	二黒辰	七赤亥	四緑巳	九紫子	六白午
27日	五黄戌	一白巳	六白子	三碧午	八白丑	五黄未
28日	四緑亥	九紫午	五黄丑	二黒未	七赤寅	四緑申
29日	三碧子	八白未	四緑寅	一白申	六白卯	三碧酉
30日	二黒丑	七赤申	三碧卯	九紫酉	五黄辰	二黒戌
31日	一白寅	六白酉		八白戌		一白亥

※太線の区切りは「月」の節がわりを示し、線の上側までは前月の中宮星となります。なお、日にちはそのままの九星です。

平成35年（西暦2023年）四緑木星・卯

日＼月	1月	2月	3月	4月	5月	6月
	九紫丑	八白寅	七赤卯	六白辰	五黄巳	四緑午
1日	五黄未	九紫寅	一白午	五黄丑	八白未	三碧寅
2日	四緑申	一白卯	二黒未	六白寅	九紫申	四緑卯
3日	三碧酉	二黒辰	三碧申	七赤卯	一白酉	五黄辰
4日	二黒戌	三碧巳	四緑酉	八白辰	二黒戌	六白巳
5日	一白亥	四緑午	五黄戌	九紫巳	三碧亥	七赤午
6日	一白子	五黄未	六白亥	一白午	四緑子	八白未
7日	二黒丑	六白申	七赤子	二黒未	五黄丑	九紫申
8日	三碧寅	七赤酉	八白丑	三碧申	六白寅	一白酉
9日	四緑卯	八白戌	九紫寅	四緑酉	七赤卯	二黒戌
10日	五黄辰	九紫亥	一白卯	五黄戌	八白辰	三碧亥
11日	六白巳	一白子	二黒辰	六白亥	九紫巳	四緑子
12日	七赤午	二黒丑	三碧巳	七赤子	一白午	五黄丑
13日	八白未	三碧寅	四緑午	八白丑	二黒未	六白寅
14日	九紫申	四緑卯	五黄未	九紫寅	三碧申	七赤卯
15日	一白酉	五黄辰	六白申	一白卯	四緑酉	八白辰
16日	二黒戌	六白巳	七赤酉	二黒辰	五黄戌	九紫巳
17日	三碧亥	七赤午	八白戌	三碧巳	六白亥	一白午
18日	四緑子	八白未	九紫亥	四緑午	七赤子	二黒未
19日	五黄丑	九紫申	一白子	五黄未	八白丑	三碧申
20日	六白寅	一白酉	二黒丑	六白申	九紫寅	四緑酉
21日	七赤卯	二黒戌	三碧寅	七赤酉	一白卯	五黄戌
22日	八白辰	三碧亥	四緑卯	八白戌	二黒辰	六白亥
23日	九紫巳	四緑子	五黄辰	九紫亥	三碧巳	七赤子
24日	一白午	五黄丑	六白巳	一白子	四緑午	八白丑
25日	二黒未	六白寅	七赤午	二黒丑	五黄未	九紫寅
26日	三碧申	七赤卯	八白未	三碧寅	六白申	一白卯
27日	四緑酉	八白辰	九紫申	四緑卯	七赤酉	二黒辰
28日	五黄戌	九紫巳	一白酉	五黄辰	八白戌	三碧巳
29日	六白亥		二黒戌	六白巳	九紫亥	四緑午
30日	七赤子		三碧亥	七赤午	一白子	五黄未
31日	八白丑		四緑子		二黒丑	

九星循環表（暦）

日＼月	7月	8月	9月	10月	11月	12月
	九紫未	八白申	七赤酉	六白戌	五黄亥	四緑子
1日	七赤寅	三碧酉	八白辰	五黄戌	一白巳	七赤亥
2日	六白卯	二黒戌	七赤巳	四緑亥	九紫午	六白子
3日	五黄辰	一白亥	六白午	三碧子	八白未	五黄丑
4日	四緑巳	九紫子	五黄未	二黒丑	七赤申	四緑寅
5日	三碧午	八白丑	四緑申	一白寅	六白酉	三碧卯
6日	二黒未	七赤寅	三碧酉	九紫卯	五黄戌	二黒辰
7日	一白申	六白卯	二黒戌	八白辰	四緑亥	一白巳
8日	九紫酉	五黄辰	一白亥	七赤巳	三碧子	九紫午
9日	八白戌	四緑巳	九紫子	六白午	二黒丑	八白未
10日	七赤亥	三碧午	八白丑	五黄未	一白寅	七赤申
11日	六白子	二黒未	七赤寅	四緑申	九紫卯	六白酉
12日	五黄丑	一白申	六白卯	三碧酉	八白辰	五黄戌
13日	四緑寅	九紫酉	五黄辰	二黒戌	七赤巳	四緑亥
14日	三碧卯	八白戌	四緑巳	一白亥	六白午	三碧子
15日	二黒辰	七赤亥	三碧午	九紫子	五黄未	二黒丑
16日	一白巳	六白子	二黒未	八白丑	四緑申	一白寅
17日	九紫午	五黄丑	一白申	七赤寅	三碧酉	九紫卯
18日	八白未	四緑寅	九紫酉	六白卯	二黒戌	八白辰
19日	七赤申	三碧卯	八白戌	五黄辰	一白亥	七赤巳
20日	六白酉	二黒辰	七赤亥	四緑巳	九紫子	六白午
21日	五黄戌	一白巳	六白子	三碧午	八白丑	五黄未
22日	四緑亥	九紫午	五黄丑	二黒未	七赤寅	四緑申
23日	三碧子	八白未	四緑寅	一白申	六白卯	三碧酉
24日	二黒丑	七赤申	三碧卯	九紫酉	五黄辰	二黒戌
25日	一白寅	六白酉	二黒辰	八白戌	四緑巳	一白亥
26日	九紫卯	五黄戌	一白巳	七赤亥	三碧午	一白子
27日	八白辰	四緑亥	九紫午	六白子	二黒未	二黒丑
28日	七赤巳	三碧子	八白未	五黄丑	一白申	三碧寅
29日	六白午	二黒丑	七赤申	四緑寅	九紫酉	四緑卯
30日	五黄未	一白寅	六白酉	三碧卯	八白戌	五黄辰
31日	四緑申	九紫卯		二黒辰		六白巳

※太線の区切りは「月」の節がわりを示し、線の上側までは前月の中宮星となります。なお、日にちはそのままの九星です。

平成36年（西暦2024年）三碧木星・辰

日＼月	1月	2月	3月	4月	5月	6月
	六白丑	五黄寅	四緑卯	三碧辰	二黒巳	一白午
1日	一白子	五黄未	七赤子	二黒未	五黄丑	九紫申
2日	二黒丑	六白申	八白丑	三碧申	六白寅	一白酉
3日	三碧寅	七赤酉	九紫寅	四緑酉	七赤卯	二黒戌
4日	四緑卯	八白戌	一白卯	五黄戌	八白辰	三碧亥
5日	五黄辰	九紫亥	二黒辰	六白亥	九紫巳	四緑子
6日	六白巳	一白子	三碧巳	七赤子	一白午	五黄丑
7日	七赤午	二黒丑	四緑午	八白丑	二黒未	六白寅
8日	八白未	三碧寅	五黄未	九紫寅	三碧申	七赤卯
9日	九紫申	四緑卯	六白申	一白卯	四緑酉	八白辰
10日	一白酉	五黄辰	七赤酉	二黒辰	五黄戌	九紫巳
11日	二黒戌	六白巳	八白戌	三碧巳	六白亥	一白午
12日	三碧亥	七赤午	九紫亥	四緑午	七赤子	二黒未
13日	四緑子	八白未	一白子	五黄未	八白丑	三碧申
14日	五黄丑	九紫申	二黒丑	六白申	九紫寅	四緑酉
15日	六白寅	一白酉	三碧寅	七赤酉	一白卯	五黄戌
16日	七赤卯	二黒戌	四緑卯	八白戌	二黒辰	六白亥
17日	八白辰	三碧亥	五黄辰	九紫亥	三碧巳	七赤子
18日	九紫巳	四緑子	六白巳	一白子	四緑午	八白丑
19日	一白午	五黄丑	七赤午	二黒丑	五黄未	九紫寅
20日	二黒未	六白寅	八白未	三碧寅	六白申	一白卯
21日	三碧申	七赤卯	九紫申	四緑卯	七赤酉	二黒辰
22日	四緑酉	八白辰	一白酉	五黄辰	八白戌	三碧巳
23日	五黄戌	九紫巳	二黒戌	六白巳	九紫亥	四緑午
24日	六白亥	一白午	三碧亥	七赤午	一白子	五黄未
25日	七赤子	二黒未	四緑子	八白未	二黒丑	六白申
26日	八白丑	三碧申	五黄丑	九紫申	三碧寅	七赤酉
27日	九紫寅	四緑酉	六白寅	一白酉	四緑卯	八白戌
28日	一白卯	五黄戌	七赤卯	二黒戌	五黄辰	九紫亥
29日	二黒辰	六白亥	八白辰	三碧亥	六白巳	九紫子
30日	三碧巳		九紫巳	四緑子	七赤午	八白丑
31日	四緑午		一白午		八白未	

九星循環表（暦）

月／日	7月	8月	9月	10月	11月	12月
	六白未	五黄申	四緑酉	三碧戌	二黒亥	一白子
1日	二黒未	七赤寅	三碧酉	九紫卯	五黄戌	二黒辰
2日	一白申	六白卯	二黒戌	八白辰	四緑亥	一白巳
3日	九紫酉	五黄辰	一白亥	七赤巳	三碧子	九紫午
4日	八白戌	四緑巳	九紫子	六白午	二黒丑	八白未
5日	七赤亥	三碧午	八白丑	五黄未	一白寅	七赤申
6日	六白子	二黒未	七赤寅	四緑申	九紫卯	六白酉
7日	五黄丑	一白申	六白卯	三碧酉	八白辰	五黄戌
8日	四緑寅	九紫酉	五黄辰	二黒戌	七赤巳	四緑亥
9日	三碧卯	八白戌	四緑巳	一白亥	六白午	三碧子
10日	二黒辰	七赤亥	三碧午	九紫子	五黄未	二黒丑
11日	一白巳	六白子	二黒未	八白丑	四緑申	一白寅
12日	九紫午	五黄丑	一白申	七赤寅	三碧酉	九紫卯
13日	八白未	四緑寅	九紫酉	六白卯	二黒戌	八白辰
14日	七赤申	三碧卯	八白戌	五黄辰	一白亥	七赤巳
15日	六白酉	二黒辰	七赤亥	四緑巳	九紫子	六白午
16日	五黄戌	一白巳	六白子	三碧午	八白丑	五黄未
17日	四緑亥	九紫午	五黄丑	二黒未	七赤寅	四緑申
18日	三碧子	八白未	四緑寅	一白申	六白卯	三碧酉
19日	二黒丑	七赤申	三碧卯	九紫酉	五黄辰	二黒戌
20日	一白寅	六白酉	二黒辰	八白戌	四緑巳	一白亥
21日	九紫卯	五黄戌	一白巳	七赤亥	三碧午	一白子
22日	八白辰	四緑亥	九紫午	六白子	二黒未	二黒丑
23日	七赤巳	三碧子	八白未	五黄丑	一白申	三碧寅
24日	六白午	二黒丑	七赤申	四緑寅	九紫酉	四緑卯
25日	五黄未	一白寅	六白酉	三碧卯	八白戌	五黄辰
26日	四緑申	九紫卯	五黄戌	二黒辰	七赤亥	六白巳
27日	三碧酉	八白辰	四緑亥	一白巳	六白子	七赤午
28日	二黒戌	七赤巳	三碧子	九紫午	五黄丑	八白未
29日	一白亥	六白午	二黒丑	八白未	四緑寅	九紫申
30日	九紫子	五黄未	一白寅	七赤申	三碧卯	一白酉
31日	八白丑	四緑申		六白酉		二黒戌

※太線の区切りは「月」の節がわりを示し、線の上側までは前月の中宮星となります。なお、日にちはそのままの九星です。

平成37年（西暦2025年）二黒土星・巳

月／日	1月	2月	3月	4月	5月	6月
	三碧丑	二黒寅	一白卯	九紫辰	八白巳	七赤午
1日	七赤午	二黒丑	三碧巳	七赤子	一白午	五黄丑
2日	八白未	三碧寅	四緑午	八白丑	二黒未	六白寅
3日	九紫申	四緑卯	五黄未	九紫寅	三碧申	七赤卯
4日	一白酉	五黄辰	六白申	一白卯	四緑酉	八白辰
5日	二黒戌	六白巳	七赤酉	二黒辰	五黄戌	九紫巳
6日	三碧亥	七赤午	八白戌	三碧巳	六白亥	一白午
7日	四緑子	八白未	九紫亥	四緑午	七赤子	二黒未
8日	五黄丑	九紫申	一白子	五黄未	八白丑	三碧申
9日	六白寅	一白酉	二黒丑	六白申	九紫寅	四緑酉
10日	七赤卯	二黒戌	三碧寅	七赤酉	一白卯	五黄戌
11日	八白辰	三碧亥	四緑卯	八白戌	二黒辰	六白亥
12日	九紫巳	四緑子	五黄辰	九紫亥	三碧巳	七赤子
13日	一白午	五黄丑	六白巳	一白子	四緑午	八白丑
14日	二黒未	六白寅	七赤午	二黒丑	五黄未	九紫寅
15日	三碧申	七赤卯	八白未	三碧寅	六白申	一白卯
16日	四緑酉	八白辰	九紫申	四緑卯	七赤酉	二黒辰
17日	五黄戌	九紫巳	一白酉	五黄辰	八白戌	三碧巳
18日	六白亥	一白午	二黒戌	六白巳	九紫亥	四緑午
19日	七赤子	二黒未	三碧亥	七赤午	一白子	五黄未
20日	八白丑	三碧申	四緑子	八白未	二黒丑	六白申
21日	九紫寅	四緑酉	五黄丑	九紫申	三碧寅	七赤酉
22日	一白卯	五黄戌	六白寅	一白酉	四緑卯	八白戌
23日	二黒辰	六白亥	七赤卯	二黒戌	五黄辰	九紫亥
24日	三碧巳	七赤子	八白辰	三碧亥	六白巳	九紫子
25日	四緑午	八白丑	九紫巳	四緑子	七赤午	八白丑
26日	五黄未	九紫寅	一白午	五黄丑	八白未	七赤寅
27日	六白申	一白卯	二黒未	六白寅	九紫申	六白卯
28日	七赤酉	二黒辰	三碧申	七赤卯	一白酉	五黄辰
29日	八白戌		四緑酉	八白辰	二黒戌	四緑巳
30日	九紫亥		五黄戌	九紫巳	三碧亥	三碧午
31日	一白子		六白亥		四緑子	

おわりに――

気学をはじめとした多くの占いは、長い年月をかけて伝承されてきたものです。

占いというと、なんとなく「うさんくさいもの」という見方も世間にはありますが、それは科学では説明のつかない不可思議な領域のものだからでしょう。

それでも占いは、人間の歴史の底流で受け継がれ、力強く生きつづけてきました。日本の占いの基本である「暦」からは、民衆の歴史が感じられます。

占いは根本をさぐってみれば、科学ではいまだ解明されていない、人間の奥深い心の動きとリンクしています。だからこそ、占いは太古より人類の歩みとともにありつづけているのです。そこには、いろいろな時代を生きてきた人々がかいま見た、無窮の世界の真実がおり込まれているのだと思います。

人間の心の秘境に魅せられて、はや半世紀。わたしは、伝承されるものの力に手繰られるようにして、占いを学んできました。

この拙い気学の教則本によって、占いの一端が次世代へと伝えられていくことを願いつつ筆を置きます。

著者しるす

平成二十九年九月吉日

野村徳子（のむらとくこ）
昭和26年、神奈川県横須賀市に生まれる。武蔵野女子大学(現・武蔵野大学)卒業。その後、出版編集業にたずさわるかたわら、方位・家相などの東洋運命学、心の世界の研究をつづける。
著書に『よくわかる気学（東洋占星術）入門』、『よい名前のつけ方』(以上当社刊)、『寺院参拝』、『はすの花　共時性と予兆の秘密』がある。

開運気学
九星と方位で運を拓く占術

2017年10月20日　第1刷発行

著　者——野村徳子
発行者——井上智由
発行所——弘文出版株式会社
〒271-0092　千葉県松戸市松戸1330-4-101
電話 047-366-1331
印刷所——株式会社暁印刷
製本所——ナショナル製本協同組合
組　版——山内達夫

ISBN978-4-87520-235-6　C2239

弘文出版公式ホームページ
www.koubun-shuppan.co.jp

よくわかる気学（東洋占星術）入門

野村徳子著

気学は、暗い宿命観を打破した後天開運術の最高峰。東洋の英知が生んだ九つの星は仕事や恋の悩みを即解消して、もっと人生をエンジョイできる方法を教えてくれるだろう。幸運とツキを呼びたいあなたのための本書は、ていねいな解説とコンパクトな実用性で比類のない入門書の決定版！

本体価格 1,000 円＋税